COLLECTION FOLIO/ESSAIS

Jean-Paul Sartre

Réflexions sur la question juive

Gallimard

Né le 21 juin 1905 à Paris, Jean-Paul Sartre, avec ses condisciples de l'École normale supérieure, critique très jeune les valeurs et les traditions de sa classe sociale, la bourgeoisie. Il enseigne quelque temps au lycée du Havre, puis poursuit sa formation philosophique à l'Institut français de Berlin. Dès ses premiers textes philosophiques, *L'imagination* (1936), *Esquisse d'une théorie des émotions* (1939), *L'imaginaire* (1940), apparaît l'originalité d'une pensée qui le conduit à l'existentialisme, dont les thèses sont développées dans *L'être et le néant* (1943) et dans *L'existentialisme est un humanisme* (1946).

Sartre s'est surtout fait connaître du grand public par ses récits, nouvelles et romans — *La Nausée* (1938), *Le mur* (1939), *Les chemins de la liberté* (1943-1949) — et ses textes de critique littéraire et politique — *Réflexions sur la question juive* (1946), *Baudelaire* (1947), *Saint Genet, comédien et martyr* (1952), *Situations* (1947-1976), *L'Idiot de la famille* (1972). Son théâtre a un plus vaste public encore : *Les mouches* (1943), *Huis clos* (1945), *La putain respectueuse* (1946), *Les mains sales* (1948), *Le diable et le bon dieu* (1951) : il a pu y développer ses idées en en imprégnant ses personnages.

Soucieux d'aborder les problèmes de son temps, Sartre a mené jusqu'à la fin de sa vie une intense activité politique (participation au Tribunal Russell, refus du prix Nobel de littérature en 1964, direction de *La cause du peuple* puis de *Libération*). Il est mort à Paris le 15 avril 1980.

Si un homme attribue tout ou partie
des malheurs du pays et de ses propres
malheurs à la présence d'éléments juifs
dans la communauté, s'il propose de remé-
dier à cet état de choses en privant les
Juifs de certains de leurs droits ou en les
écartant de certaines fonctions économiques et sociales ou en les expulsant du ter-
ritoire ou en les exterminant tous, on dit
qu'il a des *opinions* antisémites.

Ce mot d'*opinion* fait rêver... C'est celui
qu'emploie la maîtresse de maison pour
mettre fin à une discussion qui risque de
s'envenimer. Il suggère que tous les avis
sont équivalents, il rassure et donne aux
pensées une physionomie inoffensive en
les assimilant à des goûts. Tous les goûts
sont dans la nature, toutes les opinions sont

permises ; des goûts, des couleurs, des opinions il ne faut pas discuter. Au nom des
institutions démocratiques, au nom de la
liberté d'opinion, l'antisémite réclame le
droit de prêcher partout la croisade anti-
juive. En même temps, habitués que nous
sommes depuis la Révolution à envisager
chaque objet dans un esprit analytique,
c'est-à-dire comme un composé qu'on peut
séparer en ses éléments, nous regardons
les personnes et les caractères comme des
mosaïques dont chaque pierre coexiste
avec les autres sans que cette coexistence
l'affecte dans sa nature. Ainsi l'opinion
antisémite nous apparaît comme une molé-
cule susceptible d'entrer en combinaison
sans s'altérer avec d'autres molécules d'ailleurs quelconques. Un homme peut être
bon père et bon mari, citoyen zélé, fin
lettré, philanthrope *et* d'autre part antisémite. Il peut aimer la pêche à la ligne et
les plaisirs de l'amour, être tolérant en matière de religion, plein d'idées généreuses
sur la condition des indigènes d'Afrique
centrale *et*, d'autre part, détester les Juifs.
S'il ne les aime pas, dit-on, c'est que son
expérience lui a révélé qu'ils étaient mau-

vais, c'est que les statistiques lui ont appris qu'ils étaient dangereux, c'est que certains facteurs historiques ont influencé son jugement. Ainsi cette opinion semble l'effet de causes extérieures et ceux qui veulent l'étudier négligeront la personne même de l'antisémite pour faire état du pourcentage des Juifs mobilisés en 14, du pourcentage des Juifs banquiers, industriels, médecins, avocats, de l'histoire des Juifs en France depuis les origines. Ils parviendront à déceler une situation rigoureusement objective déterminant un certain courant d'opinion également objectif qu'ils nommeront antisémitisme, dont ils pourront dresser la carte ou établir les variations de 1870 à 1944. De la sorte, l'antisémitisme paraît être à la fois un goût subjectif qui entre en composition avec d'autres goûts pour former la personne et un phénomène impersonnel et social qui peut s'exprimer par des chiffres et des moyennes, qui est conditionné par des constantes économiques, historiques et politiques.

Je ne dis pas que ces deux conceptions soient nécessairement contradictoires. Je dis qu'elles sont dangereuses et fausses.

J'admettrais à la rigueur qu'on ait une opinion sur la politique vinicole du gouvernement, c'est-à-dire qu'on se décide, *sur des
raisons*, à approuver ou à condamner la
libre importation des vins d'Algérie : c'est
qu'il s'agit alors de donner son avis sur l'ad-
ministration des choses. Mais je me refuse
à nommer opinion une doctrine qui vise
expressément des personnes particulières
et qui tend à supprimer leurs droits ou à
les exterminer. Le Juif que l'antisémite veut
atteindre ce n'est pas un être schématique
et défini seulement par sa fonction comme
dans le droit administratif ; par sa situation ou par ses actes, comme dans le Code.
C'est un Juif, fils de Juifs, reconnaissable
à son physique, à la couleur de ses cheveux,
à son vêtement peut-être et, dit-on, à son
caractère. L'antisémitisme ne rentre pas
dans la catégorie de pensées que protège le
Droit de libre opinion.

D'ailleurs, c'est bien autre chose qu'une
pensée. C'est d'abord une *passion*. Sans
doute peut-il se présenter sous forme de
proposition théorique. L'antisémite « mo-
déré » est un homme courtois qui vous
dira doucement : « Moi, je ne déteste pas

les Juifs. J'estime simplement préférable, pour telle ou telle raison, qu'ils prennent une part réduite à l'activité de la nation. » Mais, l'instant d'après, si vous avez gagné sa confiance, il ajoutera avec plus d'abandon : « Voyez-vous, il doit y avoir « quelque chose » chez les Juifs : ils me gênent physiquement. » L'argument, que j'ai entendu cent fois, vaut la peine d'être examiné. D'abord il ressortit à la logique passionnelle. Car enfin imaginerait-on quelqu'un qui dirait sérieusement : « Il doit y avoir quelque chose dans la tomate, puisque j'ai horreur d'en manger. » Mais en outre, il nous montre que l'antisémitisme, sous ses formes les plus tempérées, les plus évoluées reste une totalité syncrétique qui s'exprime par des discours d'allure raisonnable, mais qui peut entraîner jusqu'à des modifications corporelles. Certains hommes sont frappés soudain d'impuissance s'ils apprennent de la femme avec qui ils font l'amour qu'elle est Juive. Il y a un dégoût du Juif, comme il y a un dégoût du Chinois ou du nègre chez certaines gens. Et ce n'est donc pas du corps que naît cette répulsion puisque vous pouvez fort bien

aimer une Juive si vous ignorez sa race,
mais elle vient au corps par l'esprit ; c'est
un engagement de l'âme, mais si profond
et si total qu'il s'étend au physiologique,
comme c'est le cas dans l'hystérie.

Cet engagement n'est pas provoqué par
l'expérience. J'ai interrogé cent personnes
sur des raisons de leur antisémitisme. La
plupart se sont bornées à m'énumérer les
défauts que la tradition prête aux Juifs.
« Je les déteste parce qu'ils sont intéressés,
intrigants, collants, visqueux, sans tact,
etc. » — « Mais, du moins, en fréquentez-
vous quelques-uns ? » — « Ah ! je m'en gar-
derais bien ! » Un peintre m'a dit : « Je suis
hostile aux Juifs parce que, avec leurs habitudes critiques, ils encouragent nos domestiques à l'indiscipline. » Voici des expé-
riences plus précises. Un jeune acteur sans
talent prétend que les Juifs l'ont empêché
de faire carrière dans le théâtre en le maintenant dans les emplois subalternes. Une
jeune femme me dit : « J'ai eu des démêlés
insupportables avec des fourreurs, ils m'ont
volée, ils ont brûlé la fourrure que je leur
avais confiée. Eh bien, ils étaient tous
Juifs. » Mais pourquoi a-t-elle choisi de

haïr les Juifs plutôt que les fourreurs?
Pourquoi les Juifs ou les fourreurs plutôt
que tel Juif, tel fourreur particulier? C'est
qu'elle portait en elle une prédisposition à
l'antisémitisme. Un collègue, au lycée, me
dit que les Juifs « l'agacent » à cause des
mille injustices que des corps sociaux « en-
juivés » commettent en leur faveur. « Un
Juif a été reçu à l'agrégation l'année où j'ai
été collé et vous ne me ferez pas croire que
ce type-là, dont le père venait de Cracovie
ou de Lemberg, comprenait mieux que moi
un poème de Ronsard ou une églogue de
Virgile. » Mais il avoue, par ailleurs, qu'il
méprise l'agrégation, que c'est « la bouteille
à l'encre » et qu'il n'a pas préparé le
concours. Il dispose donc, pour expliquer
son échec, de deux systèmes d'interpréta-
tion, comme ces fous qui, lorsqu'ils se laissent aller à leur délire, prétendent être roi
de Hongrie et qui, si on les interroge brusquement, avouent qu'ils sont cordonniers.
Sa pensée se meut sur deux plans, sans
qu'il en conçoive la moindre gêne. Mieux,
il lui arrivera de justifier sa paresse passée
en disant qu'on serait vraiment trop bête
de préparer un examen où on reçoit les

Juifs de préférence aux bons Français. D'ailleurs, il venait vingt-septième sur la liste définitive. Ils étaient vingt-six avant lui, douze reçus et quatorze refusés. Eût-on exclu les Juifs du concours, en eût-il été plus avancé? Et même s'il eût été le premier des non admissibles, même si, en éliminant un des candidats reçus, il eût eu sa chance d'être pris, pourquoi eût-on éliminé le Juif Weil plutôt que le Normand Mathieu ou le Breton Arzell? Pour que mon collègue s'indignât, il fallait qu'il eût adopté par avance une certaine idée du Juif, de sa nature et de son rôle social. Et pour qu'il décidât qu'entre vingt-six concurrents plus heureux que lui, c'était le Juif qui lui volait sa place, il fallait qu'il eût donné à priori, pour la conduite de sa vie, la préférence aux raisonnements passionnels. Loin que l'expérience engendre la notion de Juif, c'est celle-ci qui éclaire l'expérience au contraire ; si le Juif n'existait pas, l'antisémite l'inventerait.

Soit, dira-t-on, mais à défaut d'expérience, ne faut-il pas admettre que l'antisémitisme s'explique par certaines données historiques? Car enfin il ne naît pas de l'air du temps. Il me serait facile de répondre que l'histoire de France n'apprend rien sur les Juifs : ils ont été opprimés jusqu'en 1789 ; par la suite, ils ont participé comme ils l'ont pu à la vie de la nation, profitant, c'est certain, de la liberté de concurrence pour prendre la place des faibles, mais ni plus ni moins que les autres Français : ils n'ont pas commis de crime contre la France, ni fait de trahison. Et si l'on a cru établir que le nombre de soldats juifs était, en 1914, inférieur à ce qu'il aurait dû être, c'est qu'on a eu la curiosité d'aller consulter les statistiques, car il ne s'agit pas là d'un de ces faits qui frappent d'eux-mêmes les esprits et aucun mobilisé n'a pu, de son propre chef, s'étonner de ne pas voir d'Israélite dans l'étroit secteur qui constituait son univers. Mais comme, après tout, les renseignements que l'histoire donne sur le rôle d'Israël dépendent essentiellement des conceptions que l'on a d'elle, je pense qu'il vaut mieux emprunter à un pays étranger un exemple manifeste de « trahison juive » et calculer les répercussions que cette trahison a pu avoir sur l'antisémitisme contemporain. Au cours des

révoltes polonaises qui ensanglantèrent le
xix° siècle, les Juifs de Varsovie, que les
tsars ménageaient par politique, manifes-
tèrent beaucoup de tiédeur à l'égard des
révoltés ; aussi, n'ayant pas pris part aux
insurrections, purent-ils maintenir et même
augmenter leur chiffre d'affaires dans
un pays ruiné par la répression. Le fait est-
il exact, je l'ignore. Ce qui est certain, c'est
que beaucoup de Polonais le croient et cette
« donnée historique » ne contribue pas
médiocrement à les indisposer contre les
Juifs. Mais si j'examine les choses de plus
près j'y découvre un cercle vicieux : les
tsars, nous dit-on, ne traitaient pas mal les
Israélites de Pologne alors qu'ils ordon-
naient volontiers des pogromes contre ceux
de Russie. Ces procédés si différents avaient
une même cause : le gouvernement russe
considérait en Russie et en Pologne les
Juifs comme inassimilables et, selon les
besoins de sa politique, il les faisait massacrer à Moscou ou à Kiev, parce qu'ils ris-
quaient d'affaiblir l'empire moscovite ; il
les favorisait à Varsovie, pour entretenir la
discorde chez les Polonais. Ceux-ci, au
contraire, ne manifestaient que haine et

mépris aux Juifs de Pologne, mais la raison
était la même : pour eux, Israël ne pouvait
s'intégrer à la collectivité. Traités en Juifs
par le tsar, en Juifs par les Polonais, pour-
vus, bien malgré eux, d'intérêts juifs au
sein d'une communauté étrangère, quoi
d'étonnant si ces minoritaires se sont con-
duits conformément à la représentation
qu'on avait d'eux ? Autrement dit, ce qui
est ici essentiel, ce n'est pas la « donnée
historique » mais l'idée que les agents de
l'histoire se faisaient du Juif. Et lorsque les
Polonais d'aujourd'hui gardent rancune aux
Israélites de leur conduite passée, ils y sont
incités par cette même idée : pour que
l'on songe à reprocher aux petits-enfants
les fautes des grands-pères, il faut d'abord
qu'on ait un sens très primitif des responsabilités. Mais cela ne suffit pas : il faut
aussi que l'on se forme une certaine conception des enfants d'après ce qu'ont été les
grands-parents ; ce qu'ont fait les aînés, il
faut qu'on croie les cadets capables de le
faire : il faut qu'on se soit persuadé que le
caractère juif est hérité. Ainsi les Polonais
de 1940 traitaient les Israélites en *Juifs*,
parce que leurs ancêtres de 1848 en avaient

usé de même avec leurs contemporains. Et
peut-être cette représentation traditionnelle
aurait-elle, en d'autres circonstances, dis-
posé les Juifs d'aujourd'hui à agir comme
ceux de 48. C'est donc *l'idée* qu'on se fait
du Juif qui semble déterminer l'histoire,
non la « donnée historique » qui fait naître
l'idée. Et puisqu'on nous parle aussi de
« données sociales », regardons-y mieux et
nous trouverons le même cercle : il y a trop
d'avocats juifs, nous dit-on. Mais se plaint-
on qu'il y ait trop d'avocats normands ?
Quand bien même tous les Bretons seraient
médecins, ne se bornerait-on pas à dire que
« la Bretagne fournit de médecins la France
entière » ? Ah ! répliquera-t-on, ce n'est pas
du tout la même chose. Sans doute, mais
c'est que, précisément, nous considérons
les Normands comme des Normands et les
Juifs comme des Juifs. Ainsi, de quelque
côté que nous nous retournions, c'est *l'idée
de Juif* qui paraît l'essentiel.

Il devient évident pour nous qu'aucun
facteur externe ne peut introduire dans
l'antisémite son antisémitisme. L'antisémitisme est un choix libre et total de soi-
même, une attitude globale que l'on adopte

non seulement vis-à-vis des Juifs, mais vis-à-vis des hommes en général, de l'histoire et de la société ; c'est à la fois une passion et une conception du monde. Sans doute, chez tel antisémite, certains caractères seront plus marqués que chez tel autre. Mais ils sont toujours tous présents à la fois et ils se commandent les uns les autres. C'est cette totalité syncrétique qu'il nous faut à présent tenter de décrire.

J'ai noté tout à l'heure que l'antisémitisme se présente comme une passion. Tout le monde a compris qu'il s'agit d'une affection de haine ou de colère. Mais, à l'ordinaire, la haine et la colère sont *sollicitées* : je hais celui qui m'a fait souffrir, celui qui me nargue ou qui m'insulte. Nous venons de voir que la passion antisémite ne saurait avoir un tel caractère : elle devance les faits qui devraient la faire naître, elle va les chercher pour s'en alimenter, elle doit même les interpréter à sa manière pour qu'ils deviennent vraiment offensants. Et pourtant, si vous parlez du Juif à l'antisémite, il donne tous les signes d'une vive irritation. Si nous nous rappelons par ailleurs, que nous devons toujours *consentir* à une

colère pour qu'elle puisse se manifester, et
que, suivant l'expression si juste, on *se met
en colère*, nous devrons convenir que l'antisémite a *choisi* de vivre sur le mode passionné. Il n'est pas rare que l'on opte pour
une vie passionnelle plutôt que pour une
vie raisonnable. Mais c'est qu'à l'ordinaire
on aime les *objets* de la passion : les femmes, la gloire, le pouvoir, l'argent. Puisque
l'antisémite a choisi la haine, nous sommes
obligés de conclure que c'est *l'état* passionné qu'il aime. A l'ordinaire, ce genre
d'affection ne plaît guère : celui qui désire
passionnément une femme est passionné à
cause de la femme et malgré la passion : on
se défie des raisonnements passionnels, qui
visent à démontrer par tous les moyens des
opinions qu'a dictées l'amour ou la jalousie
ou la haine ; on se défie des égarements
passionnels et de ce qu'on a nommé le mo-
noïdéisme. C'est là, au contraire, ce que
l'antisémite choisit d'abord. Mais comment
peut-on choisir de raisonner faux ? C'est
qu'on a la nostalgie de l'imperméabilité.
L'homme sensé cherche en gémissant, il
sait que ses raisonnements ne sont que
probables, que d'autres considérations vien-

dront les révoquer en doute ; il ne sait jamais très bien où il va ; il est « ouvert », il peut passer pour hésitant. Mais il y a des gens qui sont attirés par la permanence de la pierre. Ils veulent être massifs et impénétrables, ils ne veulent pas changer : où donc le changement les mènerait-il ? Il s'agit d'une peur de soi originelle et d'une peur de la vérité. Et ce qui les effraie, ce n'est pas le contenu de la vérité, qu'ils ne soupçonnent même pas, mais la forme même du vrai, cet objet d'indéfinie approximation. C'est comme si leur propre existence était perpétuellement en sursis. Mais ils veulent exister tout à la fois et tout de suite. Ils ne veulent point d'opinions acquises, ils les souhaitent innées ; comme ils ont peur du raisonnement, ils veulent adopter un mode de vie où le raisonnement et la recherche n'aient qu'un rôle subordonné, où l'on ne cherche jamais que ce qu'on a déjà trouvé, où l'on ne devient jamais que ce que déjà, on était. Il n'en est pas d'autre que la passion. Seule une forte prévention sentimentale peut donner une certitude fulgurante, seule elle peut tenir le raisonnement en lisière, seule elle peut

rester imperméable à l'expérience et subsister durant toute une vie. L'antisémite a
choisi la haine parce que la haine est une
foi ; il a choisi originellement de dévalo-
riser les mots et les raisons. Comme il se
sent à l'aise, à présent ; comme elles lui
paraissent futiles et légères les discussions
sur les droits du Juif : il s'est situé d'emblée sur un autre terrain. S'il consent, par
courtoisie, à défendre un instant son point
de vue, il se prête mais il ne se donne pas :
il essaie simplement de projeter sa certitude intuitive sur le plan du discours. Je
citais, tout à l'heure, quelques « mots »
d'antisémites, tous absurdes : « Je hais les
Juifs parce qu'ils enseignent l'indiscipline
aux domestiques, parce qu'un fourreur
juif m'a volée, etc. » Ne croyez pas que les
antisémites se méprennent tout à fait sur
l'absurdité de ces réponses. Ils savent que
leurs discours sont légers, contestables ;
mais ils s'en amusent, c'est leur adversaire
qui a le devoir d'user sérieusement des
mots puisqu'il croit aux mots ; eux, ils ont
le droit de jouer. Ils aiment même à jouer
avec le discours car, en donnant des raisons
bouffonnes, ils jettent le discrédit sur le

sérieux de leur interlocuteur ; ils sont de
mauvaise foi avec délices, car il s'agit pour
eux, non pas de persuader par de bons
arguments, mais d'intimider ou de dés-
orienter. Si vous les pressez trop vivement,
ils se ferment, ils vous signifient d'un mot
superbe que le temps d'argumenter est
passé ; ce n'est pas qu'ils aient peur d'être
convaincus : ils craignent seulement d'avoir
l'air ridicule ou que leur embarras fasse
mauvais effet sur un tiers qu'ils veulent
attirer dans leur parti.

Si donc l'antisémite est, comme chacun
l'a pu voir, imperméable aux raisons et à
l'expérience, ce n'est pas que sa conviction
soit forte ; mais plutôt sa conviction est
forte parce qu'il a choisi d'abord d'être
imperméable.

Il a choisi aussi d'être terrible. On craint
de l'irriter. Nul ne sait à quelles extrémités
le porteront les égarements de sa passion,
lui le sait : car cette passion n'est pas pro-
voquée du dehors. Il la tient bien en main,
il la laisse aller tout juste comme il veut,
tantôt il lâche la bride, tantôt il tire sur les
rênes. Il n'a pas peur de lui-même : mais
il lit dans les yeux des autres une image

inquiétante qui est la sienne et il conforme ses propos, ses gestes à cette image. Ce modèle extérieur le dispense de chercher sa personnalité au-dedans de lui-même ; il a choisi d'être tout en dehors, de ne jamais faire de retour sur soi, de n'être rien sinon la peur qu'il fait aux autres : ce qu'il fuit plus encore que la Raison, c'est la conscience intime qu'il a de lui-même. Mais, dira-t-on, s'il n'était ainsi qu'à l'égard des Juifs ? Si, pour le reste, il se conduisait avec bon sens ? Je réponds que c'est impossible : voici un poissonnier qui, en 1942, agacé par la concurrence de deux poissonniers juifs qui dissimulaient leur race, a pris un beau jour la plume et les a dénoncés. On m'assure qu'il était par ailleurs doux et jovial, le meilleur fils du monde. Mais je ne le crois pas : un homme qui trouve naturel de dénoncer des hommes ne peut avoir notre conception de l'humain ; même ceux dont il se fait le bienfaiteur, il ne les voit pas avec nos yeux ; sa générosité, sa douceur, ne sont pas semblables à notre douceur, à notre générosité, on ne peut pas localiser la passion.

L'antisémite reconnaît volontiers que

le Juif est intelligent et travailleur ; il
s'avouera même inférieur à lui sous ce
rapport. Cette concession ne lui coûte pas
grand-chose : il a mis ces qualités entre
parenthèses. Ou plutôt elles tirent leur
valeur de celui qui les possède : plus le Juif
aura de vertus plus il sera dangereux.
Quant à l'antisémite, il ne se fait pas d'illu-
sion sur ce qu'il est. Il se considère comme
un homme de la moyenne, de la petite
moyenne, au fond comme un médiocre ; il
n'est pas d'exemple qu'un antisémite revendique sur les Juifs une supériorité individuelle. Mais il ne faudrait pas croire que sa
médiocrité lui fasse honte : il s'y complaît
au contraire ; je dirai qu'il l'a choisie. Cet
homme redoute toute espèce de solitude,
celle du génie aussi bien que celle de l'assassin : c'est l'homme des foules ; si petite que
soit sa taille, il prend encore la précaution
de se baisser, de peur d'émerger du trou-
peau et de se retrouver en face de lui-même.
S'il s'est fait antisémite, c'est qu'on ne peut
pas l'être tout seul. Cette phrase : « Je hais
les Juifs », est de celles qu'on prononce en
groupe ; en la prononçant on se rattache
à une tradition et à une communauté :

celles des médiocres. Aussi convient-il de rappeler qu'on n'est pas nécessairement humble ni même modeste parce qu'on a consenti à la médiocrité. C'est tout le contraire : il y a orgueil passionné des médiocres et l'antisémitisme est une tentative pour valoriser la médiocrité en tant que telle, pour créer l'élite des médiocres. Pour l'antisémite, l'intelligence est juive, il peut donc la mépriser en toute tranquillité, comme toutes les autres vertus que possède le Juif : ce sont des ersatz que les Juifs utilisent pour remplacer cette médiocrité équilibrée qui leur fera toujours défaut. Le vrai Français enraciné dans sa province, dans son pays, porté par une tradition de vingt siècles, bénéficiant d'une sagesse ancestrale, guidé par des coutumes éprouvées n'a *pas besoin* d'intelligence. Ce qui fonde sa vertu, c'est l'assimilation des qualités déposées par le travail de cent générations sur les objets qui l'entourent, c'est la propriété. Mais il va de soi qu'il s'agit de la propriété héritée, non de celle qu'on achète. Il y a une incompréhension de principe chez l'antisémite pour les diverses formes de la propriété moderne : argent, actions, etc. ;

ce sont des abstractions, des êtres de raison qui s'apparentent à l'intelligence abstraite du sémite ; l'action n'est à personne puisqu'elle peut être à tous et puis c'est un signe de richesse, non un bien concret. L'antisémite ne conçoit qu'un type d'appropriation primitive et terrienne, fondé sur un véritable rapport magique de possession et dans laquelle l'objet possédé et son possesseur sont unis par un lien de participation mystique ; c'est le poète de la propriété foncière. Elle transfigure le propriétaire et le pourvoit d'une sensibilité particulière et concrète. Bien entendu, cette sensibilité ne s'adresse pas aux vérités éternelles, aux valeurs universelles : l'universel est juif, puisqu'il est objet d'intelligence. Ce que saisira ce sens subtil, c'est au contraire ce que l'intelligence ne peut pas voir. Autrement dit, le principe de l'antisémitisme, c'est que la possession concrète d'un objet singulier donne magiquement le sens de cet objet. Maurras nous l'affirme : un Juif sera toujours incapable de comprendre ce vers de Racine :

« *Dans l'Orient désert, quel devint mon* [*ennui.* »

Et pourquoi *moi*, moi médiocre, pourrais-je entendre ce que l'intelligence la plus déliée, la plus cultivée n'a pu saisir ? parce que je possède Racine. Racine et ma langue et mon sol. Peut-être que le Juif parle un français plus pur que je ne fais, peut-être connaît-il mieux la syntaxe, la grammaire, peut-être même est-il écrivain : il n'importe. Cette langue, il la parle depuis vingt ans seulement et moi depuis mille ans. La correction de son tyle est abstraite, apprise ; mes fautes de français sont conformes au génie de la langue. On reconnaît là le raisonnement que Barrès tournait contre les boursiers. Pourquoi s'en étonner ? Les Juifs ne sont-ils pas les boursiers de la nation ? Tout ce que l'intelligence, tout ce que l'argent peut acquérir on le leur laisse ; mais c'est du vent. Seules comptent les valeurs irrationnelles et ce sont elles, précisément, qui se refusent à eux pour toujours. Ainsi l'antisémite adhère, au départ, à un irrationalisme de fait. Il s'oppose au Juif comme le sentiment à l'intelligence, comme le particulier à l'universel, comme le passé au présent, comme le concret à l'abstrait, comme le possesseur de biens

fonciers au propriétaire de valeurs mobi-
lières. Après cela beaucoup d'antisémites
— la majorité peut-être — appartiennent
à la petite bourgeoisie des villes ; ce sont
des fonctionnaires, des employés, de petits
commerçants qui ne possèdent rien. Mais
justement, c'est en se dressant contre le
Juif qu'ils prennent soudain conscience
d'être propriétaires : en se représentant
l'Israélite comme un voleur, ils se mettent
dans l'enviable position de gens qui pourraient être volés ; puisque le Juif veut leur
dérober la France, c'est que la France est à
eux. Ainsi ont-ils choisi l'antisémitisme
comme un moyen de réaliser leur qualité
de possédants. Le Juif a plus d'argent
qu'eux ? Tant mieux : c'est que l'argent est
juif, ils pourront le mépriser comme ils
méprisent l'intelligence. Ils ont moins de
bien que le hobereau périgourdin, que le
gros fermier de Beauce ? Il n'importe : il
leur suffira de fomenter en eux une colère
vengeresse contre les voleurs d'Israël, ils
sentiront aussitôt la présence du pays tout
entier. Les vrais Français, les bons Français
sont tous égaux car chacun d'eux possède
pour soi seul la France indivise. Aussi

nommerais-je volontiers l'antisémitisme un snobisme du pauvre. Il semble en effet que la plupart des riches utilisent cette passion plutôt qu'ils ne s'y abandonnent : ils ont mieux à faire. Elle se propage à l'ordinaire dans les classes moyennes, précisément parce qu'elles ne possèdent ni terre, ni châteaux, ni maison, mais seulement de l'argent liquide et quelques actions en banque. Ce n'est pas par hasard que la petite bourgeoisie allemande de 1925 était antisémite. Ce « prolétariat en faux col » avait pour principal souci de se distinguer du prolétariat véritable. Ruiné par la grosse industrie, bafoué par les Junkers, c'était aux Junkers et aux gros industriels qu'allait tout son cœur. Il s'est adonné à l'antisémitisme avec le même entrain qu'il mettait à porter des vêtements bourgeois : *parce que* les ouvriers étaient internationalistes, parce que les Junkers possédaient l'Allemagne et qu'il voulait la posséder aussi. L'antisémitisme n'est pas seulement la joie de haïr ; il procure des plaisirs positifs : en traitant le Juif comme un être inférieur et pernicieux, j'affirme du même coup que je suis d'une élite. Et celle-ci,

fort différente en cela des élites modernes
qui se fondent sur le mérite ou le travail,
ressemble en tout point à une aristocratie
de naissance. Je n'ai rien à faire pour mériter ma supériorité et je n'en puis pas non
plus déchoir. Elle est donnée une fois pour
toutes : c'est une *chose*.

Ne confondons pas cette préséance de
principe avec la valeur. L'antisémite n'a
pas tellement envie d'avoir de la valeur.
La valeur se cherche tout comme la vérité,
elle se découvre difficilement, il faut la
mériter et, une fois qu'on l'a acquise, elle
est perpétuellement en question : un faux
pas, une erreur : elle s'envole ; ainsi som-
mes-nous sans répit, d'un bout à l'autre
de notre vie, responsables de ce que nous
valons. L'antisémite fuit la responsabilité
comme il fuit sa propre conscience ; et,
choisissant pour sa personne la permanence minérale, il choisit pour sa morale
une échelle de valeurs pétrifiées. Quoi qu'il
fasse, il sait qu'il demeurera au sommet de
l'échelle ; quoi que fasse le Juif, il ne
montera jamais plus haut que le premier
échelon. Nous commençons à entrevoir
le sens du choix que l'antisémite fait de

lui-même : il choisit l'irrémédiable par peur
de sa liberté, la médiocrité par peur de la
solitude, et de cette médiocrité irrémédiable, il fait une aristocratie figée, par
orgueil. Pour ces diverses opérations, l'existence du Juif lui est absolument nécessaire :
à qui donc, sans cela, serait-il supérieur ?
Mieux encore : c'est en face du Juif et du
Juif seul que l'antisémite se réalise comme
sujet de droit. Si, par miracle, tous les Israélites étaient exterminés comme il le
souhaite, il se retrouverait concierge ou
boutiquier dans une société fortement
hiérarchisée où la qualité de « vrai Français »
serait à vil prix puisque tout le monde la
posséderait, il perdrait le sentiment de ses
droits sur son pays puisque personne ne
les lui contesterait plus et cette égalité
profonde qui le rapprochait du noble et du
riche, elle disparaîtrait tout d'un coup
puisqu'elle était surtout négative. Ses
échecs, qu'il attribuait à la concurrence
déloyale des Juifs, il faudrait qu'il les
imputât d'urgence à quelque autre cause,
ou qu'il s'interrogeât sur lui-même, il ris-
querait de tomber dans l'aigreur, dans une
haine mélancolique des classes privilégiées.

Ainsi l'antisémite a-t-il ce malheur d'avoir un besoin vital de l'ennemi qu'il veut détruire.

Cet égalitarisme que l'antisémite recherche avec tant de zèle n'a rien de commun avec l'égalité inscrite au programme des démocraties. Celle-ci doit être réalisée dans une société économiquement hiérarchisée et doit demeurer compatible avec la diversité des fonctions. Mais c'est *contre* la hiérarchie des fonctions que l'antisémite revendique l'égalité des Aryens. Il n'entend rien à la division du travail et ne s'en soucie pas : pour lui, si chaque citoyen peut revendiquer le titre de Français, ce n'est pas parce qu'il coopère, à sa place, dans son métier et avec tous les autres, à la vie économique, sociale et culturelle de la nation : c'est parce qu'il a, au même titre que chacun des autres, un droit imprescriptible et inné sur la totalité indivise du pays. Ainsi la société que conçoit l'antisémite est une société de juxtaposition, comme on pouvait s'en douter d'ailleurs, puisque son idéal de propriété est la propriété foncière. Et comme, en fait, les antisémites sont nombreux, chacun d'eux contribue à constituer, au sein de la société organisée, une communauté à type de solidarité mécanique. Le degré d'intégration de chaque antisémite à cette communauté, ainsi que sa nuance égalitaire, sont fixés parce que je nommerai la température de la communauté. Proust a montré, par exemple, comment l'antidreyfusisme rapprochait le duc de son cocher, comment, grâce à leur haine de Dreyfus, des familles bourgeoises forcèrent les portes de l'aristocratie. C'est que la communauté égalitaire dont se réclame l'antisémite est du type des foules ou de ces sociétés instantanées qui naissent à l'occasion du lynchage ou du scandale. L'égalité y est le fruit de l'indifférenciation des fonctions. Le lien social est la colère ; la collectivité n'a d'autre fin que d'exercer sur certains individus une sanction répressive diffuse ; les impulsions et les représentations collectives s'y imposent d'autant plus fortement aux particuliers qu'aucun d'eux n'est défendu par une fonction spécialisée. Aussi les personnes se noient dans la foule et les modes de pensée, les réactions du groupe sont de type primitif pur. Certes, ces collectivités ne naissent pas seulement de l'antisémitisme : une émeute, un crime, une injustice peuvent les faire surgir brusquement. Seulement ce sont alors des formations fugaces qui s'évanouissent bientôt sans laisser de vestiges. Comme l'antisémitisme survit aux grandes crises de haine contre les Juifs, la société que forment les antisémites demeure à l'état latent dans les périodes normales et tout antisémite se réclame d'elle. Incapable de comprendre l'organisation sociale moderne, il a la nostalgie des périodes de crise où la communauté primitive réapparaît soudain et atteint sa température de fusion. Il souhaite que sa personne fonde soudain dans le groupe et soit emportée par le torrent collectif. C'est cette atmosphère de pogrome qu'il a en vue lorsqu'il réclame « l'union de tous les Français ». En ce sens l'antisémitisme, en démocratie, est une forme sournoise de ce qu'on nomme la lutte du citoyen contre les pouvoirs. Interrogez quelqu'un de ces jeunes gens turbulents qui enfreignent placidement la loi et se mettent à plusieurs pour frapper un Juif dans une rue déserte : il vous dira qu'il souhaite un pouvoir fort qui

lui ôte l'écrasante responsabilité de penser
par lui-même ; la République étant un pouvoir faible, il est amené à l'indiscipline par
amour de l'obéissance. Mais est-ce bien un
pouvoir fort qu'il désire ? En réalité, il réclame pour les autres un ordre rigoureux et,
pour lui, un désordre sans responsabilité ;
il veut se mettre au-dessus des lois tout en
échappant à la conscience de sa liberté et
de sa solitude. Il use donc d'un subterfuge :
le Juif participe aux élections, il y a des
Juifs dans le gouvernement, donc le pouvoir légal est vicié à la base ; mieux, il
n'existe plus et il est légitime de ne pas
tenir compte de ses décrets ; il ne s'agit pas
d'ailleurs de désobéissance : on ne désobéit
pas à ce qui n'existe pas. Ainsi y aura-t-il
pour l'antisémite une France *réelle* avec un
gouvernement *réel* mais diffus et sans
organes spécialisés, et une France abstraite,
officielle, enjuivée, contre laquelle il sied
de se dresser. Naturellement, cette rébel-
lion permanente est le fait du groupe :
l'antisémite ne saurait en aucun cas agir
ni penser seul. Et le groupe lui-même ne
saurait se concevoir sous l'aspect d'un
parti minoritaire : car un parti est obligé

d'inventer son programme, de se fixer une ligne politique, ce qui implique initiative, responsabilité, liberté. Les associations antisémites ne veulent rien inventer, refusent d'assumer des responsabilités, elles auraient horreur de se donner pour une certaine fraction de l'opinion française, car il faudrait alors arrêter un programme, chercher des moyens d'action légaux. Elles préfèrent se représenter comme exprimant en toute pureté, en toute passivité, le sentiment du pays *réel* dans son indivisibilité. Tout antisémite est donc, dans une mesure variable, l'ennemi des pouvoirs réguliers, il veut être le membre discipliné d'un groupe indiscipliné ; il adore l'ordre, mais l'ordre *social*. On pourrait dire qu'il veut provoquer le désordre politique pour restaurer l'ordre social, et l'ordre social lui apparaît sous les traits d'une société égalitaire et primitive de juxtaposition, à température élevée, d'où les Juifs seront exclus. Ces principes le font bénéficier d'une étrange indépendance que je nommerai une liberté à rebours. Car la liberté authentique assume ses responsabilités et celle de l'antisémitisme vient de ce qu'il se dérobe à toutes les siennes. Flottant entre une société autoritaire qui n'existe pas encore et une société officielle et tolérante qu'il désavoue, il peut tout se permettre sans craindre de passer pour anarchiste, ce qui lui ferait horreur. Le sérieux profond de ses visées qu'aucun mot, qu'aucun discours, qu'aucun acte ne peut exprimer, l'autorise à une certaine légèreté. Il est gamin, il fait des farces, il rosse, il purge, il vole : c'est pour le bon motif. Si le gouvernement est fort, l'antisémitisme décroît, à moins qu'il ne soit au programme du gouvernement lui-même. Mais, en ce cas, il change de nature. Ennemi des Juifs, l'antisémite a besoin d'eux ; antidémocrate, il est un produit naturel des démocraties et ne peut se manifester que dans le cadre de la République.

Nous commençons à comprendre que l'antisémitisme n'est pas une simple « opinion » sur les Juifs et qu'il engage la personne entière de l'antisémite. Mais nous n'en avons pas fini avec lui : car il ne se borne pas à fournir des directives morales et politiques ; il est à lui seul un procédé

de pensée et une conception du monde. On
ne saurait en effet affirmer ce qu'il affirme
sans se référer implicitement à certains
principes intellectuels. Le Juif, dit-il, est
tout entier mauvais, tout entier Juif ; ses
vertus, s'il en a, du fait qu'elles sont à lui,
se tournent en vices, les ouvrages qui sor-
tent de ses mains portent nécessairement
sa marque : et s'il construit un pont, ce
pont est mauvais, étant juif, de la première
arche jusqu'à la dernière. Une même action
faite par un Juif et par un chrétien n'a pas
le même sens dans les deux cas, il commu-
nique à tout ce qu'il touche je ne sais quelle
exécrable qualité. Ce fut l'accès des piscines
que les Allemands interdirent aux Juifs en
premier lieu : il leur semblait que si le
corps d'un Israélite se plongeait dans cette
eau captive, elle serait salie tout entière. A
la lettre, le Juif souille jusqu'à l'air qu'il
respire. Si nous essayons de formuler en
propositions abstraites le principe auquel
on se réfère, il viendra ceci : un tout est
plus et autre chose que la somme de ses
parties ; un tout détermine le sens et le caractère profond des parties qui le compo-
sent. Il n'y a pas *une* vertu de courage qui

entrerait indifféremment dans un caractère
juif ou dans un caractère chrétien comme
l'oxygène compose indifféremment l'air
avec l'azote et l'argon, l'eau avec l'hydro-
gène ; mais chaque personne est une totalité indécomposable qui a *son* courage, *sa*
générosité, *sa* manière de penser, de rire,
de boire et de manger. Qu'est-ce à dire
sinon que l'antisémite a choisi de recourir,
pour comprendre le monde, à l'esprit de
synthèse. C'est l'esprit de synthèse qui lui
permet de se concevoir comme formant
une indissoluble unité avec la France tout
entière. C'est au nom de l'esprit de synthèse qu'il dénonce l'intelligence purement
analytique et critique d'Israël. Mais il faut
préciser : depuis quelque temps, à droite et
à gauche, chez les traditionalistes et chez
les socialistes, on fait appel aux principes
synthétiques contre l'esprit d'analyse qui
présida à la fondation de la démocratie
bourgeoise. Il ne saurait s'agir des mêmes
principes pour les uns et pour les autres ou,
du moins, les uns et les autres font un
usage différent de ces principes. Quel est
l'usage qu'en fait l'antisémite ?

On ne trouve guère d'antisémitisme chez

les ouvriers. C'est, dira-t-on, qu'il n'y a pas
de Juifs parmi eux. Mais l'explication est
absurde : car ils devraient précisément, à
supposer que le fait allégué fût vrai, se
plaindre de cette absence. Les nazis le
savaient bien puisque, lorsqu'ils voulurent
étendre leur propagande au prolétariat, ils
lancèrent le slogan du « capitalisme juif ».
Pourtant la classe ouvrière pense synthéti-
quement la situation sociale : seulement elle
n'use pas des méthodes antisémites. Elle ne
découpe pas les ensembles selon les données techniques, mais selon les fonctions
économiques. La bourgeoisie, la classe pay-
sanne, le prolétariat : voilà les réalités synthétiques dont elle s'occupe ; et dans ces
totalités elle distinguera des structures synthétiques secondaires : syndicats ouvriers,
syndicats patronaux, trusts, cartels, partis.
Ainsi les explications qu'elle donne des
phénomènes historiques se trouvent parfaitement convenir à la structure différenciée
d'une société fondée sur la division du travail. L'histoire résulte, d'après elle, du jeu
des organismes économiques et de l'inter-
action des groupes synthétiques.

La majorité des antisémites se trouve

au contraire dans les classes moyennes,
c'est-à-dire parmi les hommes qui ont un
niveau de vie égal ou supérieur à celui des
Juifs, ou, si l'on préfère, parmi les *non-pro-
ducteurs* (patrons, commerçants, profes-
sions libérales, métiers de transport, para-
sites). Le bourgeois en effet ne *produit pas* :
il dirige, administre, répartit, achète et
vend ; sa fonction est d'entrer en relation
directe avec le consommateur, c'est dire
que son activité se fonde dans un constant
commerce avec les hommes, au lieu que
l'ouvrier, dans l'exercice de son métier, est
en contact permanent avec les choses. Chacun juge de l'histoire selon la profession
qu'il exerce. Formé par son action quoti-
dienne sur la matière, l'ouvrier voit dans
la société le produit de forces réelles agis-
sant selon des lois rigoureuses. Son « maté-
rialisme » dialectique signifie qu'il envisage
le monde social de la même façon que
le monde matériel. Les bourgeois, au
contraire, et l'antisémite en particulier ont
choisi d'expliquer l'histoire par l'action de
volontés individuelles. N'est-ce pas de ces
mêmes volontés qu'ils dépendent dans

l'exercice de leur profession [1] ? Ils se comportent à l'égard des faits sociaux oomme
les primitifs qui dotent le vent ou le soleil
d'une petite âme. Des intrigues, des ca-
bales, la noirceur de l'un, le courage et la
vertu de cet autre : voilà ce qui détermine
le train de leur maison de commerce, voilà
ce qui détermine le train du monde. L'antisémitisme, phénomène bourgeois, apparaît
donc comme le choix d'expliquer les événements collectifs par l'initiative des particuliers.

Et, sans doute, il arrive que le prolétariat caricature sur ses affiches et dans ses
journaux « le bourgeois » tout comme l'antisémite caricature « le Juif ». Mais cette res-
semblance extérieure ne doit pas tromper.
Ce qui produit le bourgeois, pour l'ouvrier,
c'est sa position de bourgeois, c'est-à-dire
un ensemble de facteurs externes ; et le
bourgeois lui-même se réduit à l'unité synthétique de ses manifestations extérieure-
ment décelables. C'est un ensemble lié de

---

1. Je fais ici une exception pour l'ingénieur, l'entrepre-
neur et le savant, que leurs métiers rapprochent du prolétariat et qui, d'ailleurs, ne sont pas fréquemment antisémites.

conduites. Pour l'antisémite, ce qui fait le Juif, c'est la présence en lui de la « *Juiverie* », principe juif analogue au phlogistique ou à la vertu dormitive de l'opium. Qu'on ne s'y trompe pas : les explications par l'hérédité et la race sont venues plus tard, elles sont comme le mince revêtement scientifique de cette conviction primitive ; bien avant Mendel et Gobineau, il y avait une horreur du Juif et ceux qui la ressentaient n'eussent pu l'expliquer qu'en disant comme Montaigne de son amitié pour La Boétie : « Parce que c'est lui, parce que c'est moi. » Sans cette vertu métaphysique, les activités qu'on prête au Juif seraient rigoureusement incompréhensibles. Comment concevoir en effet la folie obstinée d'un riche marchand juif qui devrait, s'il était raisonnable, souhaiter la prospérité du pays où il commerce et qui, nous dit-on, s'acharne au contraire à le ruiner ? Comment comprendre l'internationalisme néfaste d'hommes que leur famille, leurs affections, leurs habitudes, leurs intérêts, la nature et la source de leur fortune devraient attacher au destin d'un pays particulier ? Les habiles parlent d'une volonté

juive de dominer le monde : mais là encore,
si nous n'avons pas la clé, les manifestations de cette volonté risquent de nous
paraître inintelligibles ; car tantôt on nous
montre, derrière le Juif, le capitalisme inter-
national, l'impérialisme des trusts et des
marchands de canons, et tantôt le bolche-
visme, avec son couteau entre les dents, et
l'on n'hésite pas à rendre pareillement responsables les banquiers israélites du com-
munisme qui devrait leur faire horreur et
les Juifs misérables qui peuplent la rue des
Rosiers de l'impérialisme capitaliste. Mais
tout s'éclaire si nous renonçons à exiger du
Juif une conduite raisonnable et conforme
à ses intérêts, si nous discernons en lui, au
contraire, un principe métaphysique qui le
pousse à *faire le mal* en toute circonstance,
dût-il pour cela se détruire lui-même. Ce
principe, on s'en doute bien, est magique :
pour une part, c'est une essence, une forme
substantielle et le Juif, quoi qu'il fasse, ne
peut la modifier, pas plus que le feu ne
peut s'empêcher de brûler. Et, pour une
autre part, comme il faut pouvoir haïr le
Juif et qu'on ne hait pas un tremblement
de terre ou le phylloxéra, cette vertu est

aussi liberté. Seulement la liberté dont il s'agit est soigneusement limitée : le Juif est libre *pour faire le mal*, non le bien, il n'a de libre arbitre qu'autant qu'il faut pour porter la pleine responsabilité des crimes dont il est l'auteur, il n'en a pas assez pour pouvoir se réformer. Étrange liberté qui, au lieu de précéder et de constituer l'essence, lui demeure entièrement soumise, n'en est qu'une qualité irrationnelle et demeure pourtant liberté. Il n'est qu'une créature, à ma connaissance, qui soit ainsi totalement libre et enchaînée au mal, c'est l'Esprit du Mal lui-même, c'est Satan. Ainsi le Juif est assimilable à l'esprit du mal. Sa volonté, à l'inverse de la volonté kantienne, est une volonté qui se veut purement, gratuitement et universellement mauvaise, c'est *la* mauvaise volonté. Par lui le Mal arrive sur terre, tout ce qu'il y a de mauvais dans la société (crises, guerres, famines, bouleversements et révoltes) lui est directement ou indirectement imputable. L'antisémite a peur de découvrir que le monde est mal fait : car alors il faudrait inventer, modifier et l'homme se retrouverait maître de ses propres destinées, pourvu d'une responsabilité

angoissante et infinie. Aussi localise-t-il
dans le Juif tout le mal de l'univers. Si les
nations se font la guerre, cela ne vient pas
de ce que l'idée de nationalité, sous sa
forme présente, implique celle d'impérialisme et de conflit d'intérêts. Non, c'est que
le Juif est là, derrière les gouvernements,
qui souffle la discorde. S'il y a une lutte
des classes, ce n'est pas que l'organisation
économique laisse à désirer : c'est que les
meneurs juifs, les agitateurs au nez crochu
ont séduit les ouvriers. Ainsi l'antisémitisme est-il originellement un Manichéisme;
il explique le train du monde par la lutte
du principe du Bien contre le principe du
Mal. Entre ces deux principes aucun mé-
nagement n'est concevable : il faut que l'un
d'eux triomphe et que l'autre soit anéanti.
Voyez Céline : sa vision de l'univers est
catastrophique ; le Juif est partout, la terre
est perdue, il s'agit pour l'Aryen de ne pas
se compromettre, de ne jamais pactiser.
Mais qu'il prenne garde : s'il respire, il a
déjà perdu sa pureté, car l'air même qui
pénètre dans ses bronches est souillé. Ne
dirait-on pas la prédication d'un Cathare ?
Si Céline a pu soutenir les thèses socialistes

des nazis, c'est qu'il était payé. Au fond de
son cœur, il n'y croyait pas : pour lui il n'y
a de solution que dans le suicide collectif,
la non-procréation, la mort. D'autres —
Maurras ou le P. P. F. — sont moins décou-
rageants : ils envisagent une longue lutte
souvent douteuse, avec triomphe final du
Bien : c'est Ormuzd contre Ahriman. Le
lecteur a compris que l'antisémite ne re-
court pas au manichéisme comme à un
principe secondaire d'explication. Mais
c'est le choix originel du manichéisme qui
explique et conditionne l'antisémitisme. Il
faut donc nous demander ce que peut signifier, pour un homme d'aujourd'hui, ce
choix originel.

Comparons un instant l'idée révolutionnaire de lutte des classes au manichéisme
antisémite. Aux yeux du marxiste, la lutte
des classes n'est aucunement le combat du
Bien contre le Mal : c'est un conflit d'intérêts entre des groupes humains. Ce qui
fait que le révolutionnaire adopte le point
de vue du prolétariat, c'est d'abord que
cette classe est la *sienne*, ensuite qu'elle est
opprimée, qu'elle est de loin la plus nom-
breuse et que son sort, par suite, tend à se

confondre avec celui de l'humanité, enfin
que les conséquences de sa victoire se trou-
veront nécessairement comporter la suppression des classes. Le but du révolutionnaire est de changer l'organisation de
la société. Et pour cela il faut sans aucun
doute détruire le régime ancien mais cela
ne saurait suffire : avant tout il convient de
construire un ordre nouveau. Si par impossible la classe privilégiée voulait concourir
à la construction socialiste et qu'on eût des
preuves manifestes de sa bonne foi, il n'y
aurait aucune raison valable pour la re-
pousser. Et s'il reste hautement impro-
bable qu'elle offre de bon gré son concours
aux socialistes, c'est que sa situation même
de classe privilégiée l'en empêche, ce n'est
pas à cause de je ne sais quel démon intérieur qui la pousserait en dépit d'elle-
même à mal faire. En tout cas, des fractions de cette classe, si elles s'en détachent,
peuvent être constamment agrégées à la
classe opprimée et ces fractions seront
jugées à leurs actes, non sur leur essence.
« Je me fous de votre essence éternelle »,
me disait un jour Politzer.

Au contraire, pour le manichéiste anti-

sémite, l'accent est mis sur la destruction.
Il n'est pas question d'un conflit d'intérêts,
mais des dommages qu'une puissance mauvaise cause à la société. Dès lors, le Bien
consiste avant tout à détruire le Mal. Sous
l'amertume de l'antisémite se dissimule
cette croyance optimiste que l'harmonie,
une fois le Mal évincé, se rétablira d'elle-
même. Sa tâche est donc uniquement
négative : il ne saurait être question de
construire une société, mais seulement de
purifier celle qui existe. Pour atteindre ce
but, le concours des Juifs de bonne volonté
serait inutile et même néfaste, et d'ailleurs
un Juif ne saurait être de bonne volonté.
Chevalier du Bien, l'antisémite est sacré,
le Juif est, lui aussi, sacré à sa manière :
sacré comme les intouchables, comme les
idigènes frappés d'un tabou. Ainsi la lutte
est menée sur le plan religieux et la fin du
combat ne peut être qu'une destruction
sacrée. Les avantages de cette position sont
multiples : d'abord elle favorise la paresse
d'esprit. Nous avons vu que l'antisémite
n'entend rien à la société moderne, il serait
incapable de concevoir un plan constructif ;
son action ne peut se placer au niveau de

la technique, elle demeure sur le terrain
de la passion. A une entreprise de longue
haleine, il préfère une explosion de rage
analogue à l'*amok* des Malais. Son activité
intellectuelle se cantonne dans l'*interpréta-
tion* : il cherche dans les événements historiques le signe de la présence d'une puissance mauvaise. De là ces inventions
puériles et compliquées qui l'apparentent
aux grands paranoïaques. Mais, en outre,
l'antisémitisme canalise les poussées révolutionnaires vers la destruction de certains
hommes, non des institutions ; une foule
antisémite croira avoir assez fait lorsqu'elle
aura massacré quelques Juifs et brûlé quelques synagogues. Il représente donc une
soupape de sûreté pour les classes possédantes qui l'encouragent et substituent
ainsi à une haine dangereuse contre un
régime, une haine bénigne contre des particuliers. Et surtout ce dualisme naïf est
éminemment rassurant pour l'antisémite
lui-même : s'il ne s'agit que d'ôter le Mal,
c'est que le Bien est déjà *donné*. Point n'est
besoin de le chercher dans l'angoisse, de
l'inventer, de le contester patiemment lorsqu'on l'a trouvé, de l'éprouver dans l'ac-

tion, de le vérifier à ses conséquences et d'endosser finalement les responsabilités du choix moral qu'on a fait. Ce n'est pas par hasard que les grandes colères antisémites dissimulent un optimisme : l'antisémite a décidé du Mal pour n'avoir pas à décider du Bien. Plus je m'absorbe à combattre le Mal, moins je suis tenté de mettre le Bien en question. On n'en parle pas, il est toujours sous-entendu dans les discours de l'antisémite et il reste sous-entendu dans sa pensée. Lorsqu'il aura rempli sa mission de destructeur sacré, le Paradis Perdu se reformera de lui-même. Pour l'instant, tant de besognes absorbent l'antisémite qu'il n'a pas le temps d'y réfléchir : il est sur la brèche, il combat et chacune de ses indignations est un prétexte qui le détourne de chercher le Bien dans l'angoisse.

Mais il y a plus et nous abordons ici le domaine de la psychanalyse. Le manichéisme masque une attirance profonde vers le Mal. Pour l'antisémite, le Mal est son lot, son « Job ». D'autres viendront plus tard, qui s'occuperont du Bien, s'il y a lieu. Lui, il est aux avant-postes de la Société, il tourne le dos aux pures vertus

qu'il défend : il n'a affaire qu'au Mal, son
devoir est de le dévoiler, de le dénoncer,
d'en mesurer l'étendue. Le voilà donc uniquement soucieux d'amasser les anecdotes
qui révèlent la lubricité du Juif, son appétit de lucre, ses ruses et ses trahisons. Il se
lave les mains dans l'ordure. Qu'on relise
« la France juive » de Drumont : ce livre
d'une « haute moralité française » est un
recueil d'histoires ignobles ou obscènes.
Rien ne reflète mieux la nature complexe
de l'antisémite : comme il n'a point voulu
choisir son Bien et qu'il s'est laissé imposer, par crainte de se singulariser, celui de
tout le monde, la morale chez lui n'est
jamais fondée sur l'intuition des valeurs ni
sur ce que Platon nomme l'Amour ; elle
se manifeste seulement par les tabous les
plus stricts, par les impératifs les plus
rigoureux et les plus gratuits. Mais ce
qu'il contemple sans relâche, ce dont il a
l'intuition et comme le goût, c'est le Mal.
Il peut ainsi se ressasser jusqu'à l'obsession
le récit d'actions obscènes ou criminelles
qui le troublent et satisfont ses penchants
pervers ; mais comme, dans le même temps,
il les attribue à ces Juifs infâmes qu'il

accable de son mépris, il s'assouvit sans se
compromettre. J'ai connu à Berlin un pro-
testant chez qui le désir prenait la forme
de l'indignation. La vue des femmes en
maillot de bain le mettait en fureur ; il
recherchait volontiers cette fureur-là et
passait son temps dans les piscines. Tel est
l'antisémite. Aussi une des composantes de
sa haine est-elle une attirance profonde et
sexuelle pour les Juifs. C'est d'abord une
curiosité fascinée pour le Mal. Mais surtout, je crois, elle ressortit au sadisme. On
ne comprendra rien, en effet, à l'antisémitisme si l'on ne se rappelle que le Juif, objet
de tant d'exécration, est parfaitement inno-
cent, je dirai même inoffensif. Aussi l'antisémite a-t-il soin de nous parler d'associations juives secrètes, de franc-maçonneries
redoutables et clandestines. Mais s'il rencontre un Juif face à face, il s'agit la plupart du temps d'un être faible et qui, mal
préparé à la violence, ne parvient pas même
à se défendre. Cette faiblesse individuelle
du Juif, qui le livre pieds et poings liés aux
pogromes, l'antisémite ne l'ignore pas et
même il s'en délecte par avance. Aussi sa
haine du Juif ne saurait ce comparer à celle

que les Italiens de 1830 portaient aux
Autrichiens, à celle que les Français de
1942 portaient aux Allemands. Dans ces
deux derniers cas, il s'agissait d'oppres-
seurs, d'hommes durs, cruels et forts qui
possédaient les armes, l'argent, la puissance et qui pouvaient faire plus de mal
aux rebelles que ceux-ci n'eussent même
pu rêver de leur en faire. Dans ces haines-
là, les penchants sadiques n'ont pas de
place. Mais puisque le Mal, pour l'antisémite, s'incarne dans ces hommes désarmés
et si peu redoutables, celui-ci ne se trouve
jamais dans la pénible nécessité d'être hé-
roïque : il est *amusant* d'être antisémite.
On peut battre et torturer les Juifs sans
crainte : tout au plus en appelleront-ils aux
lois de la République ; mais les lois sont
douces. Aussi l'attirance sadique de l'antisémite pour le Juif est si forte qu'il n'est
pas rare de voir un de ces ennemis jurés
d'Israël s'entourer d'amis juifs. Bien sûr
ils les baptisent « Juifs d'exception », ils
affirment : « Ceux-là ne sont pas comme les
autres. » Dans l'atelier du peintre dont je
parlais tout à l'heure et qui ne réprouvait
nullement les assassinats de Lublin, il y

avait, en bonne place, le portrait d'un Juif qui lui était cher et que la Gestapo avait fusillé. Mais leurs protestations d'amitié ne sont pas sincères car ils n'envisagent même pas, dans leurs propos, d'épargner les « bons Juifs » et, tout en reconnaissant quelques vertus à ceux qu'ils connaissent, ils n'admettent pas que leurs interlocuteurs aient pu en rencontrer d'autres qui fussent aussi vertueux. En fait ils se plaisent à protéger ces quelques personnes, par une sorte d'inversion de leur sadisme, ils se plaisent à garder sous leur vue l'image vivante de ce peuple qu'ils exècrent. Les femmes antisémites ont assez souvent un mélange de répulsion et d'attraction sexuelles pour les Juifs. Une d'elles, que j'ai connue, avait des relations intimes avec un Juif polonais. Elle le rejoignait parfois dans son lit et se laissait caresser la poitrine et les épaules, mais rien de plus. Elle jouissait de le sentir respectueux et soumis, de deviner son violent désir refréné, humilié. Avec d'autres hommes, elle eut par la suite un commerce sexuel normal. Il y a dans les mots « une belle Juive » une signification sexuelle très particulière et fort

différente de celle qu'on trouvera par exemple dans ceux de « belle Roumaine », « belle
Grecque » ou « belle Américaine ». C'est
qu'ils ont comme un fumet de viol et de
massacres. La belle Juive, c'est celle que les
Cosaques du tsar traînent par les cheveux
dans les rues de son village en flammes ;
et les ouvrages spéciaux qui se consacrent
aux récits de flagellation font une place
d'honneur aux Israélites. Mais il n'est pas
besoin d'aller fouiller dans la littérature
clandestine. Depuis la Rebecca d'Invahoé
jusqu'à la Juive de « Gilles », en passant
par celles de Ponson du Terrail, les Juives
ont dans les romans les plus sérieux une
fonction bien définie : fréquemment violées
ou rouées de coups, il leur arrive parfois
d'échapper au déshonneur par la mort,
mais c'est de justesse ; et celles qui conservent leur vertu sont les servantes dociles
ou les amoureuses humiliées de chrétiens
indifférents qui épousent des Aryennes. Il
n'en faut pas plus, je crois, pour marquer
la valeur de symbole sexuel que prend la
Juive dans le folklore.

Destructeur par fonction, sadique au
cœur pur, l'antisémite est, au plus pro-

fond de son cœur, un criminel. Ce qu'il souhaite, ce qu'il prépare, c'est la *mort* du Juif.

Certes, tous les ennemis du Juif ne réclament pas sa mort au grand jour, mais les mesures qu'ils proposent et qui, toutes, visent à son abaissement, à son humiliation, à son bannissement, sont des succédanés de cet assassinat qu'ils méditent en eux-mêmes : ce sont des meurtres symboliques. Seulement l'antisémite a sa conscience pour lui : il est criminel pour le bon motif. Ce n'est pas sa faute, après tout, s'il a mission de réduire le Mal par le Mal ; la France *réelle* lui a délégué ses pouvoirs de haute justice. Sans doute n'a-t-il pas tous les jours l'occasion d'en user, mais ne vous y trompez pas : ces brusques colères qu'il prend tout à coup, ces apostrophes tonnantes qu'il lance contre les « youtres » ce sont autant d'exécutions capitales ; la conscience populaire l'a deviné, qui a inventé l'expression de « manger du Juif ». Ainsi l'antisémite s'est choisi criminel, et criminel *blanc* : ici encore il fuit les responsabilités, il a censuré ses instincts de

meurtre, mais il a trouvé moyen de les
assouvir sans se les avouer. Il sait qu'il
est méchant, mais puisqu'il fait le Mal
pour le Bien, puisque tout un peuple
attend de lui la délivrance, il se considère
comme un méchant sacré. Par une sorte
d'inversion de toutes les valeurs, dont
on trouve des exemples dans certaines
religions et par exemple en Inde où il
existe une prostitution sacrée, c'est à la
colère, à la haine, au pillage, au meurtre,
à toutes les formes de la violence que
s'attachent, selon lui, l'estime, le respect,
l'enthousiasme ; et dans le moment même
où la méchanceté l'enivre, il sent en lui
la légèreté et la paix que donnent une
bonne conscience et la satisfaction du
devoir accompli.

Le portrait est achevé. Si beaucoup
de personnes qui déclarent volontiers
qu'elles détestent les Juifs ne s'y reconnaissent pas, c'est qu'en fait elles ne
détestent pas les Juifs. Elles ne les aiment
pas non plus. Elles ne leur feraient pas
le moindre mal, mais elles ne lèveraient
pas le petit doigt pour empêcher qu'on
ne les violente. Elles ne sont pas anti-

sémites, elles ne sont rien, elles ne sont
personne et comme il faut malgré tout
paraître quelque chose, elles se font écho,
rumeur, elles vont répétant, sans penser
à mal, sans penser du tout, quelques
formules apprises qui leur donnent droit
d'accès dans certains salons. Ainsi con-
naissent-elles les délices de n'être qu'un
vain bruit, d'avoir la tête remplie par
une énorme affirmation qui leur paraît
d'autant plus respectable qu'elles l'ont
empruntée. Ici l'antisémitisme n'est
qu'une justification ; la futilité de ces
personnes est d'ailleurs telle qu'elles abandonnent volontiers cette justification pour
n'importe quelle autre, pourvu que celle-
ci soit « distinguée ». Car l'antisémitisme
est *distingué*, comme toutes les manifestations d'une âme collective irrationnelle tendant à créer une France occulte
et conservatrice. Il semble à toutes ces
têtes légères qu'en répétant à l'envi que
le Juif est nuisible au pays, elles accom-
plissent un de ces rites d'initiation qui
les font participer aux foyers sociaux
d'énergie et de chaleur ; en ce sens, l'antisémitisme a gardé quelque chose des

sacrifices humains. Il présente en outre
un avantage sérieux pour ces gens qui
connaissent leur inconsistance profonde
et qui s'ennuient : il leur permet de se
donner les dehors de la passion et, comme
il est de règle, depuis le romantisme,
de confondre celle-ci avec la personnalité,
ces antisémites de seconde main se parent
à peu de frais d'une personnalité agressive.
Un de mes amis me citait souvent un
vieux cousin qui venait dîner dans sa
famille et de qui l'on disait avec un certain air : « Jules ne peut pas souffrir les
Anglais. » Mon ami ne se rappelle pas qu'on
ait jamais rien dit d'autre sur le cousin
Jules. Mais cela suffisait : il y avait un
contrat tacite entre Jules et sa famille,
on évitait ostensiblement de parler des
Anglais devant lui et cette précaution
lui donnait un semblant d'existence aux
yeux de ses proches, en même temps
qu'elle leur procurait le sentiment agréable
de participer à une cérémonie sacrée.
Et puis, en certaines circonstances choisies,
quelqu'un, après avoir soigneusement délibéré, lançait comme par inadvertance,
une allusion à la Grande-Bretagne ou à

ses dominions, alors le cousin Jules feignait d'entrer dans une grande colère et il se sentait exister pendant un moment ; tout le monde était content. Beaucoup sont antisémites comme le cousin Jules était anglophobe et, bien entendu, ils ne se rendent aucunement compte de ce qu'implique pour de vrai leur attitude. Purs reflets, roseaux agités par le vent, ils n'auraient certes pas inventé l'antisémitisme si l'antisémite conscient n'existait pas. Mais ce sont eux qui, en toute indifférence, assurent la permanence de l'antisémitisme et la relève des générations.

* *

Nous sommes en mesure, à présent, de le comprendre. C'est un homme qui a peur. Non des Juifs, certes : de lui-même, de sa conscience, de sa liberté, de ses instincts, de ses responsabilités, de la solitude, du changement, de la société et du monde ; de tout sauf des Juifs.

C'est un lâche qui ne veut pas s'avouer
sa lâcheté ; un assassin qui refoule et
censure sa tendance au meurtre sans pouvoir la refréner et qui, pourtant, n'ose
tuer qu'en effigie ou dans l'anonymat
d'une foule ; un mécontent qui n'ose se
révolter de peur des conséquences de sa
révolte. En adhérant à l'antisémitisme,
il n'adopte pas simplement une opinion,
il se choisit comme personne. Il choisit
la permanence et l'impénétrabilité de la
pierre, l'irresponsabilité totale du guerrier
qui obéit à ses chefs, et il n'a pas de chef.
Il choisit de ne rien acquérir, de ne rien
mériter, mais que tout lui soit donné de
naissance — et il n'est pas noble. Il choisit enfin que le Bien soit tout fait, hors
de question, hors d'atteinte, il n'ose le
regarder de peur d'être amené à le contester et à en chercher un autre. Le Juif
n'est ici qu'un prétexte : ailleurs on se
servira du nègre, ailleurs du jaune. Son
existence permet simplement à l'antisémite d'étouffer dans l'œuf ses angoisses
en se persuadant que sa place a toujours
été marquée dans le monde, qu'elle l'at-
tendait et qu'il a, de tradition, le droit

de l'occuper. L'antisémitisme, en un mot,
c'est la peur devant la condition humaine.
L'antisémite est l'homme qui veut être
roc impitoyable, torrent furieux, foudre
dévastatrice : tout sauf un homme.

2

Les Juifs ont un ami, pourtant : le démocrate. Mais c'est un piètre défenseur. Sans doute il proclame que tous les hommes sont égaux en droits, sans doute il a fondé la Ligue des droits de l'homme. Mais ses déclarations mêmes montrent la faiblesse de sa position. Il a choisi une fois pour toutes, au xviiie siècle, l'esprit d'analyse. Il n'a pas d'yeux pour les synthèses concrètes que lui présente l'histoire. Il ne connaît pas le Juif, ni l'Arabe, ni le nègre, ni le bourgeois, ni l'ouvrier : mais seulement l'homme, en tout temps, en tout lieu pareil à lui-même. Toutes les collectivités, il les résout en éléments individuels. Un corps physique est pour lui une somme de molécules, un corps social, une somme d'individus. Et par

individu il entend une incarnation sin-
gulière des traits universels qui font la
nature humaine. Ainsi l'antisémite et le
démocrate poursuivent inlassablement
leur dialogue sans jamais se comprendre
ni s'apercevoir qu'ils ne parlent pas des
mêmes choses. Si l'antisémite reproche
au Juif son avarice, le démocrate répondra
qu'il connaît des Juifs qui ne sont pas
avares et des chrétiens qui le sont. Mais
l'antisémite n'est pas convaincu pour
autant : ce qu'il voulait dire c'est qu'il
y a une avarice « juive », c'est-à-dire in-
fluencée par cette totalité synthétique
qu'est la *personne* juive. Et il conviendra
sans se troubler que certains chrétiens
peuvent être avares, car pour lui l'avarice
chrétienne et l'avarice juive ne sont pas
de même nature. Pour le démocrate, au
contraire, l'avarice est une certaine nature
universelle et invariable qui peut s'ajouter
à l'ensemble des traits composant un
individu et qui demeure identique en
toutes circonstances ; il n'y a pas deux
façons d'être avare, on l'est ou on ne
l'est pas. Ainsi le démocrate, comme le
savant, manque le singulier : l'individu

n'est pour lui qu'une somme de traits universels. Il s'ensuit que sa défense du Juif sauve le Juif en tant qu'homme et l'anéantit en tant que Juif. A la différence de l'antisémite, le démocrate n'a pas peur de lui-même : ce qu'il redoute ce sont les grandes formes collectives où il risque de se dissoudre. Ainsi a-t-il fait choix de l'esprit d'analyse parce que l'esprit d'analyse ne voit pas ces réalités synthétiques. A ce point de vue, il craint que ne s'éveille chez le Juif une « conscience juive », c'est-à-dire une conscience de la collectivité israélite, comme il redoute chez l'ouvrier l'éveil de la « conscience de classe ». Sa défense est de persuader aux individus qu'ils existent à l'état isolé. « Il n'y a pas de Juif, dit-il, il n'y a pas de question juive. » Cela signifie qu'il souhaite séparer le Juif de sa religion, de sa famille, de sa communauté ethnique, pour l'enfourner dans le creuset démocratique, d'où il ressortira seul et nu, particule individuelle et solitaire, semblable à toutes les autres particules. C'est ce qu'on nommait, aux États-Unis, la politique d'assimilation. Les lois sur l'im-

migration ont enregistré la faillite de cette
politique et, en somme, celle du point de
vue démocratique. Comment pourrait-il
en être autrement : pour un Juif conscient
et fier d'être Juif, qui revendique son
appartenance à la communauté juive,
sans méconnaître pour cela les liens qui
l'unissent à une collectivité nationale,
il n'y a pas tant de différence entre l'antisémite et le démocrate. Celui-là veut le
détruire comme homme pour ne laisser
subsister en lui que le Juif, le paria, l'intouchable ; celui-ci veut le détruire comme
Juif pour ne conserver en lui que l'homme,
le sujet abstrait et universel des droits
de l'homme et du citoyen. On peut déceler
chez le démocrate le plus libéral une
nuance d'antisémitisme : il est hostile au
Juif dans la mesure où le Juif s'avise de
se penser comme Juif. Cette hostilité
s'exprime par une sorte d'ironie indul-
gente et amusée, comme lorsqu'il dit d'un
ami juif, dont l'origine israélite est aisé-
ment reconnaissable : « il est tout de même
trop juif » ou lorsqu'il déclare : « la seule
chose que je reproche aux Juifs c'est leur
instinct grégaire : si on en laisse entrer

un dans une affaire, il en amènera dix avec lui ». Pendant l'occupation, le démocrate était profondément et sincèrement indigné des persécutions antisémites, mais il soupirait de temps à autre : « Les Juifs vont revenir de l'exil avec une insolence et un appétit de vengeance tels que je redoute une recrudescence de l'antisémitisme. » Ce qu'il craignait en fait, c'est que les persécutions ne contribuent à donner au Juif une conscience plus précise de lui-même.

L'antisémite reproche au Juif *d'être* Juif ; le démocrate lui reprocherait volontiers de se *considérer* comme Juif. Entre son adversaire et son défenseur, le Juif semble assez mal en point : il semble qu'il n'ait rien d'autre à faire qu'à choisir la sauce à laquelle on le mangera. Il convient donc de nous poser la question à notre tour : le Juif existe-t-il ? Et, s'il existe, qu'est-il ? D'abord un Juif ou d'abord un homme ? La solution du problème réside-t-elle dans l'extermination de tous les Israélites ou dans leur assimilation totale ? Ou ne peut-on entrevoir une autre manière de poser le problème et une autre manière de le résoudre ?

3

Nous sommes d'accord sur un point avec l'antisémite : nous ne croyons pas à la « nature » humaine, nous n'acceptons pas d'envisager une société comme une somme de molécules isolées ou isolables ; nous croyons qu'il faut considérer les phénomènes biologiques, psychiques et sociaux dans un esprit synthétique. Seulement, nous nous séparons de lui quant à la manière d'appliquer cet esprit synthétique. Nous ne connaissons point de « principe » juif et nous ne sommes pas manichéistes, nous n'admettons pas non plus que le « vrai » Français bénéficie si facilement de l'expérience ou des traditions léguées par ses ancêtres, nous demeurons fort sceptiques au sujet de l'hérédité psychologique et nous n'acceptons

d'utiliser les concepts ethniques que dans
les domaines où ils ont reçu des confir-
mations expérimentales, à savoir ceux de
la biologie et de la pathologie ; pour nous,
l'homme se définit avant tout comme un
être « en situation ». Cela signifie qu'il
forme un tout synthétique avec sa situation biologique, économique, politique,
culturelle, etc. On ne peut le distinguer
d'elle car elle le forme et décide de ses
possibilités, mais, inversement, c'est lui
qui lui donne son sens en se choisissant
dans et par elle. Être en situation, selon
nous, cela signifie *se choisir* en situation
et les homme diffèrent entre eux comme
leurs situations font entre elles et aussi
selon le choix qu'ils font de leur propre
personne. Ce qu'il y a de commun entre
eux tous n'est pas une nature, mais une
condition, c'est-à-dire un ensemble de
limites et de contraintes : la nécessité de
mourir, de travailler pour vivre, d'exister
dans un monde habité déjà par d'autres
hommes. Et cette condition n'est au fond
que la situation humaine fondamentale
ou, si l'on préfère, l'ensemble des caractères abstraits communs à toutes les

situations. J'accorde donc au démocrate que le Juif est un homme comme les autres, mais cela ne m'apprend rien de particulier, sinon qu'il est libre, qu'il est en même temps esclave, qu'il naît, jouit, souffre et meurt, qu'il aime et qu'il hait, comme tous les hommes. Je ne puis rien tirer d'autre de ces données trop générales. Si je veux savoir *qui* est le Juif, je dois, puisque c'est un être en situation, interroger d'abord sa situation sur lui. Je préviens que je limiterai ma description aux Juifs de France car c'est le problème du Juif français qui est *notre* problème.

Je ne nierai pas qu'il y ait une race juive. Mais il faut d'abord nous comprendre. Si l'on entend par race ce complexe indéfinissable où l'on fait entrer pêle-mêle des caractères somatiques et des traits intellectuels et moraux, je n'y crois pas plus qu'aux tables tournantes. Ce que j'appellerai, faute de mieux, caractères ethniques, ce sont certaines conformations physiques héritées qu'on rencontre plus fréquemment chez les Juifs que chez les non-Juifs. Encore convient-il de se

montrer prudent : il faudrait plutôt dire
des races juives. On sait que tous les
Sémites ne sont pas Juifs, ce qui complique le problème ; on sait aussi que
certains Juifs blonds de Russie sont plus
éloignés encore d'un Juif crépu d'Algérie
que d'un Aryen de Prusse Orientale. En
vérité, chaque pays a ses Juifs et la représentation que nous pouvons nous faire
de l'Israélite ne correspond guère à celle
que s'en font nos voisins. Quand je vivais
à Berlin, dans les commencements du
régime nazi, j'avais deux amis français
dont l'un était Juif et l'autre non. Le
Juif présentait un « type sémite accentué » ;
il avait un nez courbe, les oreilles décollées,
les lèvres épaisses. Un Français l'eût re-
connu sans hésiter pour israélite. Mais
comme il était blond, sec et flegmatique,
les Allemands n'y voyaient que du feu ;
il se divertissait parfois à sortir avec des
S. S. qui ne se doutaient pas de sa race
et l'un d'eux lui dit un jour : « Je suis
capable de reconnaître un Juif à cent
mètres. » Mon autre ami, au contraire,
corse et catholique, fils et petit-fils de
catholiques, avait les cheveux noirs et

un peu frisés, le nez bourbonien, le teint pâle, il était court et gras : les gamins lui jetaient des pierres dans la rue en l'appelant « Jude » : c'est qu'il se rapprochait d'un certain type de Juif oriental qui est plus populaire dans la représentation des Allemands. Quoi qu'il en soit et même en admettant que tous les Juifs ont certains traits physiques en commun, on ne saurait en conclure, sinon par la plus vague des analogies, qu'ils doivent présenter aussi les mêmes traits de caractère. Mieux : les signes physiques que l'on peut constater chez le Sémite sont spatiaux, donc juxtaposés et séparables. Je puis tout à l'heure retrouver l'un d'eux chez un Aryen, à titre isolé. En conclurai-je que cet Aryen a aussi telle qualité psychique ordinairement attribuée aux Juifs ? Non, évidemment. Mais alors tout la théorie raciale s'écroule : elle suppose que le Juif est une totalité indécomposable et voilà qu'on en fait une mosaïque où chaque élément est un caillou qu'on peut ôter et placer dans un autre ensemble ; nous ne pouvons ni conclure du physique au moral, ni postuler un parallélisme psycho-physiologique. Si l'on dit qu'il faut considérer *l'ensemble* des caractères somatiques, je répondrai : ou bien cet ensemble est la *somme* des traits ethniques et cette somme ne peut aucunement représenter l'équivalent spatial d'une *synthèse* psychique, pas plus qu'une association de cellules cérébrales ne peut correspondre à une pensée, ou bien, lorsqu'on parle de l'aspect physique du Juif, on entend une totalité syncrétique qui se donne à l'intuition. Dans ce cas, en effet, il peut y avoir une « *gestalt* » au sens où Kohler entend le mot, et c'est bien à cela que font allusion les antisémites lorsqu'ils prétendent « flairer le Juif », « avoir le sens du Juif », etc. Seulement, il est impossible de percevoir les éléments somatiques, à part des significations psychiques qui s'y mêlent. Voici un Juif assis sur le pas de sa porte, dans la rue des Rosiers. Je le reconnais aussitôt pour un Juif : il a la barbe noire et frisée, le nez légèrement crochu, les oreilles écartées, des lunettes de fer, un melon enfoncé jusqu'aux yeux, un vêtement noir, des gestes rapides et nerveux, un sourire d'une étrange bonté douloureuse. Comment dé-

mêler le physique du moral ? Sa barbe est
noire et frisée : c'est un caractère soma-
tique. Mais ce qui me frappe surtout,
c'est qu'il la laisse pousser ; par là il exprime son attachement aux traditions de
la communauté juive, il se désigne comme
venant de Pologne, comme appartenant
à une première génération d'émigrants ;
son fils est-il moins juif pour s'être rasé ?
D'autres traits, comme la forme du nez,
l'écartement des oreilles sont purement
anatomiques et d'autres purement psychiques et sociaux comme le choix du
vêtement et des lunettes, les expressions
et la mimique. Qu'est-ce donc qui me le
signale comme Israélite, sinon cet ensemble
indécomposable, où le psychique et le
physique, le social, le religieux et l'individuel s'interpénètrent, sinon cette synthèse vivante qui ne saurait évidemment
être transmise par l'hérédité et qui, au
fond, est identique à *sa personne* tout
entière ? Nous envisageons donc les caractères somatiques et héréditaires du Juif
comme un facteur parmi d'autres de sa
situation, non comme une condition
déterminante de sa nature.

Faute de déterminer le Juif par sa race, le définirons-nous par sa religion ou par une communauté nationale strictement israélite ? Ici la question se complique. Assurément, il y eut à une époque reculée une communauté religieuse et nationale que l'on nommait Israël. Mais l'histoire de cette communauté est celle d'une dissolution de vingt-cinq siècles. Elle perdit d'abord sa souveraineté : il y eut la captivité de Babylone, puis la domination perse, enfin la conquête romaine. Il ne faut pas voir là l'effet d'une malédiction, à moins qu'il n'y ait des malédictions géographiques : la situation de la Palestine, carrefour de tous les chemins du commerce antique, écrasée entre de puissants empires, suffit à expliquer cette lente dépossession. Le lien religieux se renforça entre les Juifs de la diaspora et ceux qui étaient restés sur leur sol : il prit le sens et la valeur d'un lien national. Mais ce « transfert » manifesta, comme on peut s'en douter, une spiritualisation des liens collectifs et spiritualisation signifie, malgré tout, affaiblissement. Peu après, d'ailleurs, la division s'introduisit avec le christianisme : l'apparition de cette religion nouvelle provoqua une grande crise du monde israélite, dressant les Juifs émigrés contre ceux de Judée. En face de la « forme forte » que fut d'emblée le christianisme, la religion hébraïque apparaît tout de suite comme une forme faible, en voie de désagrégation ; elle ne se maintient que par une politique complexe de concessions et d'obstination. Elle résiste aux persécutions et à la grande dispersion des Juifs dans le monde médiéval ; elle résiste beaucoup moins aux progrès des lumières et de l'esprit critique. Les Juifs qui nous entourent n'ont plus avec leur religion qu'un rapport de cérémonie et de politesse. Je demandais à l'un d'eux pourquoi il avait fait circoncire son fils. Il me répondit : « Parce que ça faisait plaisir à ma mère et puis c'est plus propre. » « Et votre mère, pourquoi y tient-elle ? » « A cause de ses amis et de ses voisins. » J'entends que ces explications trop rationnelles cachent un sourd et profond besoin de se rattacher à des traditions et de s'enraciner, à défaut de passé national, dans un passé de rites et de coutumes. Mais précisément, la religion n'est ici qu'un

moyen symbolique. Elle n'a pu résister,
du moins en Europe Occidentale, aux
attaques conjuguées du rationalisme et de
l'esprit chrétien ; les Juifs athées que j'ai
interrogés reconnaissent que leur dialogue
sur l'existence de Dieu se poursuit avec la
religion chrétienne. La religion qu'ils atta-
quent et dont ils veulent se débarrasser
c'est le christianisme ; leur athéisme ne se
différencie aucunement de celui d'un Roger
Martin du Gard qui dit *se dégager* de la foi
catholique. Pas un instant, ils ne sont
athées *contre le Talmud* ; et le prêtre, pour
eux tous, c'est le curé, non le rabbin.

Ainsi donc, les données du problème
apparaissent telles : une communauté historique concrète est d'abord *nationale* et
religieuse ; or, la communauté juive qui
fut l'une et l'autre s'est vidée peu à peu de
ces caractères concrets. Nous la nomme-
rions volontiers une communauté historique abstraite. Sa dispersion implique la
désagrégation des traditions communes ;
et nous avons marqué plus haut que ses
vingt siècles de dispersion et d'impuissance
politique lui interdisent d'avoir un *passé
historique*. S'il est vrai, comme le dit Hegel,

qu'une collectivité est historique dans la
mesure où elle a la mémoire de son histoire,
la collectivité juive est la moins historique
de toutes les sociétés car elle ne peut garder
mémoire que d'un long martyre, c'est-à-
dire d'une longue passivité.

Qu'est-ce donc qui conserve à la communauté juive un semblant d'unité ? Pour répondre à cette question, il faut revenir à
l'idée de *situation*. Ce n'est ni leur passé,
ni leur religion, ni leur sol qui unissent les
fils d'Israël. Mais s'ils ont un lien commun,
s'ils méritent tous le nom de Juif, c'est
qu'ils ont une situaton commune de Juif,
c'est-à-dire qu'ils vivent au sein d'une
communauté qui les tient pour Juifs. En un
mot, le Juif est parfaitement assimilable
par les nations modernes, mais il se définit
comme celui que les nations ne veulent pas
assimiler. Ce qui pèse sur lui originellement,
c'est qu'il est l'assassin du Christ [1]. A-t-on
réfléchi à la situation intolérable de ces
hommes condamnés à vivre au sein d'une

1. Notons tout de suite qu'il s'agit ici d'une légende
créée par la propagande chrétienne de la diaspora. Il est
bien évident que la croix est un supplice *romain* et que
le Christ a été exécuté *par les Romains* comme agitateur
politique.

société qui adore le Dieu qu'ils ont tué ?
Primitivement, le Juif est donc meurtrier
ou fils de meurtrier — ce qui, aux yeux
d'une collectivité qui conçoit la responsabilité sous une forme prélogique, revient
rigoureusement au même —, c'est comme
tel qu'il est tabou. Ce n'est pas là, évidemment, ce qui explique l'antisémitisme moderne ; mais si l'antisémite a
choisi le Juif pour objet de sa haine, c'est
à cause de l'horreur religieuse que celui-ci
a toujours inspirée. Cette horreur a eu pour
effet un curieux phénomène économique :
si l'Église du moyen âge a toléré les Juifs,
alors qu'elle pouvait les assimiler de force
ou les faire massacrer, c'est qu'ils rem-
plissaient une fonction économique de
première nécessité : maudits, ils exer-
çaient un métier maudit, mais indispensable ; ne pouvant posséder les terres ni
servir dans l'armée, ils pratiquaient le
commerce de l'argent, qu'un chrétien ne
pouvait aborder sans se souiller. Ainsi, la
malédiction originelle s'est redoublée bientôt d'une malédiction économique et c'est
surtout cette dernière qui a persisté. On
reproche aujourd'hui aux Juifs d'exercer

des métiers improductifs, sans qu'on se rende compte que leur apparente autonomie au sein de la nation vient de ce qu'on les a d'abord cantonnées dans ces métiers en leur interdisant tous les autres. Ainsi n'est-il pas exagéré de dire que ce sont les chrétiens qui ont *créé* le Juif en provoquant un arrêt brusque de son assimilation et en le pourvoyant malgré lui d'une fonction où il a, depuis, excellé. Ici encore, il ne s'agit que d'un souvenir : la différenciation des fonctions économiques est telle aujourd'hui, qu'on ne peut assigner au Juif un office défini ; tout au plus pourrait-on marquer que sa longue exclusion de certains métiers l'a détourné de les exercer lorsqu'il en a eu la possibilité. Mais de ce souvenir les sociétés modernes se sont emparées, elles en ont fait le prétexte et la base de leur antisémitisme. Ainsi, si l'on veut savoir ce qu'est le Juif contemporain, c'est la conscience chrétienne qu'il faut interroger : il faut lui demander non pas « qu'est-ce qu'un Juif » ? mais « *qu'as-tu fait* des Juifs ? ».

Le Juif est un homme que les autres hommes tiennent pour Juif : voilà la vérité simple d'où il faut partir. En ce sens le démocrate a raison contre l'antisémite : c'est l'antisémite qui *fait* le Juif. Mais on aurait tort de réduire cette méfiance, cette curiosité, cette hostilité déguisée que les Israélites rencontrent autour d'eux aux manifestations intermittentes de quelques passionnés. D'abord, nous l'avons vu, l'antisémitisme est l'expression d'une société primitive, aveugle et diffuse qui subsiste à l'état latent dans la collectivité légale. Il ne faut donc pas supposer qu'un élan généreux, quelques bonnes paroles, un trait de plume suffisent à le supprimer : c'est comme si l'on s'imaginait avoir supprimé la guerre parce qu'on en a dénoncé les effets dans un livre. Le Juif apprécie sans aucun doute à sa valeur la sympathie qu'on lui témoigne, mais elle ne saurait faire qu'il ne voie l'antisémitisme comme une structure permanente de la communauté où il vit. Il sait, d'autre part, que les démocrates et tous ceux qui le défendent ont tendance à ménager l'antisémitisme. D'abord, en effet, nous sommes en république et toutes les opinions sont libres. D'autre part, le mythe de l'Union sacrée exerce encore une telle influence sur les Français, qu'ils sont prêts aux plus grandes compromissions pour éviter les conflits intérieurs, surtout dans les périodes de crise internationale qui sont, bien entendu, aussi celles où l'antisémitisme est le plus virulent. Naturellement, c'est le démocrate, naïf et de bonne volonté, qui fait toutes les concessions : l'antisémite n'en fait aucune. Il a le bénéfice de la colère : on dit : « ne l'irritons point... », on parle bas autour de lui. En 1940, par exemple, beaucoup de Français se sont rangés autour du gouvernement Pétain qui ne se privait pas de prêcher l'Union avec les arrière-pensées que l'on sait. Par la suite, ce gouvernement prit des mesures antisémites. Les « Pétainistes » ne protestèrent pas. Ils se sentaient fort mal à l'aise, mais quoi ? Si la France pouvait être sauvée au prix de quelques sacrifices ne valait-il pas mieux fermer les yeux ? Certes, ils n'étaient pas antisémites, ils parlaient même aux Juifs qu'ils rencontraient avec une commisération pleine de politesse. Mais ces Juifs, comment veut-on qu'ils n'aient pas senti qu'on sacrifiait leur sort aux

mirages d'une France unie et patriarcale ?
Aujourd'hui [1] ceux d'entre eux que les
Allemands n'ont pas déportés ou assassinés
parviennent à rentrer chez eux. Beaucoup
furent parmi les résistants de la première
heure ; d'autres ont un fils, un cousin dans
l'Armée Leclerc. La France entière se
réjouit ou fraternise dans les rues, les
luttes sociales semblent provisoirement
oubliées ; les journaux consacrent des
colonnes entières aux prisonniers de guerre,
aux déportés. Va-t-on parler des Juifs ?
Va-t-on saluer le retour parmi nous des
rescapés, va-t-on donner une pensée à
ceux qui sont morts dans les chambres à
gaz de Lublin ? Pas un mot. Pas une ligne
dans les quotidiens c'est qu'il ne faut pas
irriter les antisémites. Plus que jamais la
France a besoin d'union. Les journalistes
bien intentionnés vous disent : « dans l'intérêt même des Juifs, il ne faut pas trop
parler d'eux en ce moment ». Pendant
quatre ans, la Société française a vécu sans
eux, il convient de ne pas trop signaler leur
réapparition. Croit-on que les Juifs ne se

1. Écrit en octobre 1944.

rendent pas compte de la situation? Croit-
on qu'ils ne comprennent pas les raisons de
ce silence? Il en est parmi eux qui l'ap-
prouvent et qui disent : « Moins il sera
question de nous, mieux cela vaudra. » Un
Français sûr de lui, de sa religion, de sa
race, peut-il arriver à comprendre l'état
d'esprit qui dicte un pareil propos? Ne
voit-on pas qu'il faut avoir senti pendant
des années, dans son propre pays, l'hostilité, une malveillance toujours en éveil, une
indifférence toujours prête à tourner à
l'aigre pour en arriver à cette sagesse rési-
gnée, à cette politique de l'effacement. Ils
ont donc effectué une rentrée clandestine
et leur joie d'être libérés ne s'est pas fon-
due avec la joie de la nation. Qu'ils en
aient souffert, c'est ce que suffirait à
prouver le petit fait suivant : J'avais écrit
dans les « Lettres Françaises », sans y penser autrement, à titre d'énumération
complète, je ne sais quelle phrase sur les
souffrances des prisonniers, des déportés,
des détenus politiques et des Juifs. Quelques Israélites m'ont remercié d'une manière touchante : en quel délaissement
fallait-il qu'ils se sentissent pour songer à

remercier un auteur d'avoir seulement
écrit *le mot* de Juif dans un article ? -

Ainsi, le Juif est en situation de Juif
parce qu'il vit au sein d'une collectivité
qui le tient pour Juif. Il a des ennemis
passionnés et des défenseurs sans passion.
Le démocrate fait profession de modé-
ration ; il blâme ou admoneste pendant
qu'on met le feu aux synagogues. Il est
tolérant par état ; il a même le snobisme
de la tolérance, il l'étend jusqu'aux ennemis de la démocratie : ne fut-il pas de
mode, dans la gauche radicale, de trouver
du génie à Maurras ? Comment ne com-
prendrait-il pas l'antisémite. Il est comme
fasciné par tous ceux qui méditent sa perte.
Et puis peut-être a-t-il au fond de lui-même
comme un regret de la violence qu'il s'interdit. Et surtout la partie n'est pas égale :
pour que le démocrate mît quelque chaleur
à plaider la cause du Juif, il faudrait qu'il
fût manichéiste lui aussi et qu'il le tînt
pour le Principe du Bien. Mais comment
serait-ce possible ? Le démocrate n'est pas
fou. Il se fait l'avocat du Juif parce qu'il
voit en lui un membre de l'humanité ; or,
l'humanité a d'autres membres qu'il faut

pareillement défendre, le démocrate a fort
à faire : il s'occupe du Juif quand il en a le
loisir ; l'antisémite n'a qu'un seul ennemi,
il peut y penser tout le temps ; c'est lui
qui donne le ton. Vigoureusement attaqué,
faiblement défendu, le Juif se sent en
danger dans une société dont l'antisémitisme est la tentation perpétuelle. Voilà
ce qu'il faut examiner de plus près.

Les Juifs Français sont en majorité de
petite ou de grande bourgeoisie. Ils exer-
cent, pour la plupart, des métiers que je
nommerai d'opinion, en ce sens que la
réussite n'y dépend pas de l'habileté qu'on
a à travailler la matière, mais de l'opinion
que les autres hommes ont de vous. Qu'on
soit avocat ou chapelier, la clientèle vient
si l'on plaît. Il s'ensuit que les métiers dont
nous parlons sont pleins de cérémonies :
il faut séduire, retenir, capter la confiance ;
la correction du vêtement, la sévérité apparente de la conduite, l'honorabilité res-
sortissent à ces cérémonies, à ces mille
petites danses qu'il faut bien faire pour
attirer le client. Ainsi, ce qui compte par-
dessus tout, c'est la réputation : on *se fait*
une réputation, on en vit, cela signifie

qu'on est au fond dans l'entière dépendance
des autres hommes, au lieu que le paysan
a d'abord affaire à sa terre, l'ouvrier à la
matière et à ses outils. Or, le Juif se trouve
dans une situation paradoxale, il lui est
loisible de gagner, tout comme les autres
et par les mêmes procédés, une réputation
d'honnêteté. Mais elle se surajoute à une
réputation première, donnée d'un coup et
dont il ne peut se débarrasser quoi qu'il
fasse : celle d'être Juif. Un ouvrier juif
oubliera dans sa mine, sur son wagonnet,
dans sa fonderie, qu'il est Juif. Un commerçant juif ne peut l'oublier. Multiplie-t-il
les actes de désintéressement et d'honnêteté, on le nommera peut-être un *bon* Juif.
Mais Juif il est et restera. Au moins, lorsqu'on le qualifie d'honnête ou de malhonnête, sait-il de quoi il retourne. Il
garde la mémoire des actes qui lui ont
valu ces noms. Lorsqu'on l'appelle Juif,
il en va tout autrement : il s'agit en effet
non d'une condition particulière mais d'une
certaine *allure*, commune à toutes ses
conduites. On lui a répété qu'un Juif pense
comme un Juif, dort, boit, mange comme
un Juif, est honnête ou malhonnête à la

manière juive. Or, cette allure, il a beau s'examiner, il ne peut la découvrir dans ses actes. Avons-nous conscience de notre style de vie ? En fait, nous sommes trop adhérents à nous-mêmes pour prendre ainsi sur nous un point de vue objectif de témoin. Pourtant ce petit mot de « Juif » a fait un beau jour apparition dans sa vie et n'en sort plus. Certains enfants ont fait, dès l'âge de six ans, le coup de poing contre des camarades d'école qui les appelaient youpins. D'autres ont été tenus longtemps dans l'ignorance de leur race. Une jeune fille israélite, dans une famille que je connais, ignora jusqu'à quinze ans le sens même du mot de Juif. Pendant l'occupation, un docteur juif de Fontainebleau, qui vivait enfermé dans sa maison, élevait ses petits-enfants sans leur dire un mot de leur origine. Mais, de quelque façon que ce soit, il faut bien qu'ils apprennent un jour la vérité : quelquefois c'est par les sourires des gens qui les entourent, d'autres fois par une rumeur ou par des insultes. Plus tardive est la découverte, plus violente est la secousse : tout d'un coup, ils s'aperçoivent que les autres savaient sur eux quelque chose qu'ils ignoraient, qu'on leur appliquait ce qualificatif louche et inquiétant qui n'est pas employé dans leur famille. Ils se sentent séparés, retranchés de la société des enfants normaux qui courent et jouent tranquillement autour d'eux dans la sécurité, et qui n'ont pas de *nom spécial*. Ils rentrent chez eux, ils regardent leur père, ils pensent : « Est-ce que lui aussi est un Juif ? » et le respect qu'ils lui portent est empoisonné. Comment veut-on qu'ils ne gardent pas toute leur vie la marque de cette première révélation. On a cent fois décrit les troubles qui naissent chez un enfant lorsqu'il découvre tout à coup que ses parents ont des rapports sexuels ; comment n'aurait-il pas des troubles analogues le petit Juif qui regarde ses parents à la dérobée et qui pense : « Ce sont des Juifs. »

Pourtant, dans sa famille, on lui dit qu'il faut être fier d'être Juif. Il ne sait plus qui croire, il est partagé entre l'humiliation, l'angoisse et l'orgueil. Il sent qu'il est *à part*, mais il ne comprend plus ce qui le met à part, il n'est sûr que d'une chose : c'est qu'aux yeux des autres, quoi qu'il

fasse, il est et restera Juif. On s'est indigné
avec raison de l'immonde « étoile jaune »
que le gouvernement allemand imposait
aux Juifs. Ce qui paraissait insupportable
c'est qu'on *désignât* le Juif à l'attention,
c'est qu'on l'obligeât à se sentir perpétuellement Juif sous les yeux des autres. C'était
au point qu'on essayait par tous les moyens
de témoigner une sympathie attentive aux
malheureux ainsi marqués. Mais certaines
personnes bien intentionnées ayant entre-
pris de tirer des coups de chapeau aux
Juifs qu'elles rencontraient, ceux-ci ont
déclaré que ces saluts leur étaient fort
pénibles. Sous les regards appuyés, bril-
lants de compassion qui les accompa-
gnaient, ils se sentaient devenir des *objets*.
Objets de commisération, de pitié, tant
qu'on veut : mais objets. Ils étaient pour
ces vertueux libéraux l'occasion de faire
un geste généreux, de manifester : ils
n'étaient qu'une occasion, les libéraux
étaient libres, tout à fait libres, en face du
Juif, de lui serrer la main ou de lui cracher
au visage, ils décidaient selon leur morale,
selon le choix qu'ils avaient fait d'eux-
mêmes ; le Juif n'était pas libre d'être Juif.

Aussi les âmes les plus fortes préféraient
encore le geste de haine au geste charitable,
parce que la haine est une passion et qu'elle
semble moins libre ; au lieu que la charité
se fait de haut en bas. Tout cela, nous
l'avons si bien compris que pour finir, nous
détournions les yeux lorsque nous ren-
contrions un Juif porteur d'étoile. Nous
étions mal à l'aise, gênés par notre propre
regard qui, s'il se posait sur lui, le constituait comme Juif, en dépit de lui, en
dépit de nous ; la ressource suprême de la
sympathie, de l'amitié, c'était ici de paraître ignorer : car, quelque effort que nous
tentions pour atteindre la *personne*, c'était
le *Juif* que nous devions rencontrer nécessairement. Comment n'a-t-on pas vu que
l'ordonnance nazie n'avait fait que pousser
à l'extrême une situation de fait dont nous
nous accommodions fort bien auparavant.
Certes, avant l'armistice, le Juif ne portait
pas d'étoile. Mais son nom, son visage, ses
gestes, mille autres traits le désignaient
comme Juif ; qu'il se promenât dans les
rues, qu'il entrât au café, dans un magasin,
dans un salon, il se savait *marqué* comme
Juif. Si quelqu'un venait à lui d'un air

trop ouvert et trop riant, il savait qu'il
devenait *l'objet* d'une manifestation de tolérance, que son interlocuteur l'avait choisi
comme prétexte pour déclarer au monde et
se déclarer à lui-même : moi, j'ai les idées
larges, moi je ne suis pas antisémite, moi
je ne connais que les individus et j'ignore
les races. Pourtant, au dedans de lui-même,
le Juif s'estime pareil aux autres : il parle
leur langue, il a les mêmes intérêts de
classe, les mêmes intérêts nationaux, il lit
les journaux qu'ils lisent, il vote comme
eux, il comprend leurs opinions et les partage. Mais on lui laisse entendre qu'il n'en
est rien, puisqu'il a une « manière juive »
de parler, de lire, de voter. S'il demande
des explications, on lui trace un portrait
dans lequel il ne se reconnaît pas. Et pourtant c'est le sien à n'en pas douter, puisque
des millions d'hommes s'accordent à le
soutenir. Que peut-il faire ? Nous verrons
tout à l'heure que la racine de l'inquiétude
juive c'est cette nécessité où est le Juif de
s'interroger sans cesse et finalement de
prendre parti sur le personnage fantôme,
inconnu et familier, insaisissable et tout
proche, qui le hante et qui n'est autre que

lui-même, lui-même tel qu'il est pour
autrui. On dira que c'est le cas de chacun,
que nous avons tous un caractère familier
pour nos proches et qui nous échappe.
Sans doute : et ce n'est au fond que l'expression de notre relation fondamentale
avec l'Autre. Mais le Juif a comme nous
un caractère et par-dessus le marché, il est
Juif. Il s'agit en quelque sorte pour lui
d'un redoublement de la relation fondamentale avec autrui. Il est surdéterminé.

Ce qui rend, à ses yeux, sa situation
encore plus incompréhensible, c'est qu'il
jouit pleinement de ses droits de citoyen,
du moins lorsque la société où il vit est en
équilibre. Dans les périodes de crise et de
persécution, il est cent fois plus malheureux, mais du moins peut-il se révolter et,
par une dialectique analogue à celle que
Hegel décrit dans le « Maître et l'Esclave »,
retrouver sa liberté contre l'oppression et
nier sa nature maudite de Juif en résistant
par les armes à ceux qui veulent la lui imposer. Mais, lorsque tout est calme, contre
qui se révolterait-il ? Il accepte assurément
la collectivité qui l'entoure, puisqu'il veut
jouer le jeu et qu'il se plie à toutes les céré-

monies en usage, dansant comme les autres
la danse de l'honorabilité et de la respec-
tabilité ; d'ailleurs, il n'est l'esclave de personne : libre citoyen dans un régime qui
autorise la libre concurrence, aucune di-
gnité sociale, aucune charge de l'État ne
lui sont interdites ; il sera décoré de la
Légion d'honneur, grand avocat, ministre.
Mais, dans le moment même qu'il touche
au faîte de la société légale, une autre
société amorphe, diffuse et omniprésente
se découvre à lui par éclairs et se refuse.
Il ressent d'une manière très particulière la
vanité des honneurs et de la fortune
puisque la plus grande réussite ne lui per-
mettra jamais d'accéder à cette société qui
se prétend la *vraie* : ministre, il sera ministre juif, à la fois une excellence et un
intouchable. Pourtant il ne rencontre
aucune résistance particulière : mais il se
fait comme une fuite autour de lui, un vide
impalpable se creuse et puis, surtout, une
invisible chimie dévalorise tout ce qu'il
touche. Dans une société bourgeoise, en
effet, le brassage perpétuel des personnes,
les courants collectifs, les modes, les coutumes créent des *valeurs*. Les valeurs des

poèmes, des meubles, des maisons, des
paysages viennent en grande partie de ces
condensations spontanées qui se déposent
sur les objets comme une rosée légère ;
elles sont strictement nationales et résul-
tent du fonctionnement normal d'une collectivité traditionaliste et historique. Être
Français ce n'est pas seulement être né en
France, voter, payer l'impôt, c'est surtout
avoir l'usage et l'intelligence de ces valeurs.
Et lorsqu'on participe à leur création, on
est en quelque sorte rassuré sur soi-même,
on est justifié d'exister par une sorte d'adhé-
sion à la collectivité entière ; savoir apprécier un meuble Louis XVI, la finesse d'un
mot de Chamfort, un paysage de l'Ile-de-
France, un tableau de Claude Lorrain,
c'est affirmer et sentir son appartenance à
la société française, c'est renouveler un
contrat social tacite avec tous les membres
de cette société. Du coup, la contingence
vague de notre existence s'évanouit et fait
place à la nécessité d'une existence de
droit. Chaque Français qui s'émeut à la
lecture de Villon, à la vue du palais de
Versailles, devient fonction publique et
sujet de droits imprescriptibles. Or, le Juif

est l'homme à qui l'on refuse, par principe, l'accession aux valeurs. Sans doute, l'ouvrier est-il dans le même cas. Mais la situation est différente : il peut rejeter avec mépris les valeurs et la culture bourgeoises, il peut méditer d'y substituer les siennes propres. Le Juif, en principe, appartient à la classe même des gens qui le renient, il partage leurs goûts et leur mode de vie : il *touche* ces valeurs mais il ne les voit pas, elles devraient être à lui et on les lui refuse ; on lui dit qu'il est aveugle. Naturellement, cela est faux : croit-on que Bloch, Crémieux, Suarès, Schwob, Benda comprennent moins les grandes œuvres françaises qu'un épicier ou un agent de police chrétiens ? Croit-on que Max Jacob savait moins bien manier notre langue qu'un secrétaire de mairie « aryen » ? Et Proust, demi-juif, ne comprenait-il Racine qu'à demi ? Et qui entendait mieux Stendhal de l'aryen Chuquet, célèbre cacographe, ou du juif Léon Blum ? Mais il importe peu que ce soit une erreur, le fait est que cette erreur est collective. Et le Juif doit décider par lui-même si cela est vrai ou faux, mieux : il faut qu'il fasse la preuve. Encore s'entendra-t-on toujours

pour récuser la preuve qu'il fournit. Il peut
aller aussi loin qu'il voudra dans la compréhension d'une œuvre, d'une coutume,
d'une époque, d'un style : ce qui fera la
vraie valeur de l'objet considéré, valeur
accessible aux seuls Français de France
réelle, c'est justement ce qui est « au-delà »,
ce qui ne peut s'exprimer par des mots.
En vain, arguerait-il de sa culture, de ses
travaux : c'est une culture juive, ce sont
des travaux juifs, il est Juif précisément
en ceci qu'il ne soupçonne même pas ce qui
doit être compris. Ainsi tente-t-on de lui
persuader que le véritable sens des choses
lui échappe, il se forme autour de lui un
brouillard insaisissable qui est la *vraie*
France, avec ses *vraies* valeurs, son *vrai*
tact, sa *vraie* moralité et il n'y a aucune
part. Il peut, de même, acquérir tous les
biens qu'il veut, des terres et des châteaux
s'il a de quoi : mais au moment même où
il devient propriétaire légal, la propriété
change subtilement de signification. Seul
un Français, fils de Français, fils ou petit-
fils de paysan, est capable de posséder réel-
lement. Pour posséder une masure dans un
village, il n'est pas suffisant de l'avoir

achetée en bon argent, il faut connaître
tous les voisins, leurs parents et grands-
parents, les cultures environnantes, les
hêtres et les chênes de la forêt, savoir
labourer, pêcher, chasser, avoir fait des
encoches aux arbres dans son enfance et
les retrouver élargies dans son âge mûr. On
peut être assuré que le Juif ne remplit pas
ces conditions. Après cela le Français non
plus peut-être, mais il y a des grâces d'état,
il y a une manière juive et une manière
française de confondre l'avoine avec le blé.
Ainsi le Juif reste l'étranger, l'intrus, l'inas-
similé au sein même de la collectivité. Tout
lui est accessible et pourtant il ne possède
rien : car ce qu'on possède, lui dit-on, ne
s'achète pas. Tout ce qu'il touche, tout ce
qu'il acquiert se dévalorise entre ses mains ;
les biens de la terre, les vrais biens, ce sont
toujours ceux qu'il n'a pas. Pourtant il sait
bien qu'il contribue autant qu'un autre à
forger l'avenir de la collectivité qui le
repousse. Mais si l'avenir est à lui, du moins
lui refuse-t-on le passé. Et d'ailleurs, il
faut le reconnaître, s'il se retourne vers le
passé, il voit que sa race n'y a point de
part : ni les rois de France, ni leurs minis-

tres, ni les grands capitaines, ni les grands
seigneurs, ni les artistes, ni les savants ne
furent Juifs ; ce n'est pas le Juif qui a fait
la Révolution Française. La raison en est
simple : jusqu'au xixᵉ siècle, les Juifs,
comme les femmes, étaient en tutelle, aussi
leur contribution à la vie politique et sociale est, comme celle des femmes, de
fraîche date. Les noms d'Einstein, de Char-
lie Chaplin, de Bergson, de Chagall, de
Kafka suffisent à montrer ce qu'ils eussent
pu apporter au monde si on les avait éman-
cipés plus tôt. Mais il n'importe, le fait est
là. Ces Français n'ont pas la disposition de
l'histoire de France. Leur mémoire collective ne leur fournit que des souvenirs obscurs de pogromes, de ghettos, d'exodes, de
grandes souffrances monotones, vingt siècles de répétition, non d'évolution. Le Juif
n'est pas encore *historique* et pourtant il est,
ou presque, le plus ancien des peuples :
c'est ce qui lui donne cet air perpétuellement vieillot et toujours neuf ; il a une
sagesse et pas d'histoire. Qu'à cela ne
tienne, dira-t-on : il n'y a qu'à l'accueillir
sans réserves : notre histoire sera la sienne
ou du moins celle de son fils. Mais c'est ce

qu'on n'a garde de faire. Aussi flotte-t-il, incertain, déraciné. Qu'il ne s'avise pas, d'ailleurs, de se retourner vers Israël pour trouver une communauté et un passé qui compensent ceux qu'on lui refuse. Cette communauté juive qui n'est basée ni sur la nation, ni sur la terre, ni sur la religion, du moins dans la France contemporaine, ni sur les intérêts matériels, mais sur une identité de situation, pourrait être un lien véritablement *spirituel* d'affection, de culture et d'entraide. Mais ses ennemis aussitôt diront qu'elle est ethnique et lui-même, fort embarrassé, pour la désigner, usera peut-être du mot de race. Du coup, il donne raison à l'antisémite : « Vous voyez bien qu'il y a une *race* juive, ils le reconnaissent eux-mêmes et d'ailleurs ils s'assemblent partout. » Et, en effet, si les Juifs veulent puiser dans cette commu-nauté une fierté légitime, comme ils ne peuvent s'enorgueillir, ni d'une œuvre col-lective spécifiquement juive, ni d'une civi-lisation proprement israélite, ni d'un mys-ticisme commun, il faudra bien pour finir qu'ils exaltent des qualités raciales. Ainsi l'antisémite gagne à tous les coups. En un

mot, on exige du Juif, intrus dans la société
française, qu'il demeure isolé. S'il n'y
consent pas, on l'insulte. Mais s'il obéit, on
ne l'assimile pas pour autant, on le *tolère*.
Encore est-ce avec une méfiance qui l'ac-
cule en chaque occasion à « faire ses preuves ». En cas de guerre, ou d'émeutes, le
« vrai » Français n'a pas de preuve à faire :
il remplit tout simplement ses obligations
militaires ou civiles. Mais, pour le Juif, il
n'en est pas de même : il peut être sûr
qu'on va compter sans bienveillance le
nombre de Juifs aux Armées. Ainsi, se
trouve-t-il tout à coup solidaire de tous ses
coreligionnaires. Même s'il a dépassé l'âge
de se battre, il va sentir — qu'il le fasse ou
non — la nécessité de s'engager parce
qu'on prétend partout que les Juifs se font
embusquer. Bruit fondé, dira-t-on. Mais
non : dans une analyse de Stekel sur un
complexe judaïque dont je parlerai plus
loin, je lis cette phrase : « Les Chrétiens
disaient en général — c'est une Juive qui
parle — « Les Juifs s'esquivent tant qu'ils
peuvent. » Alors mon mari voulut s'engager comme volontaire. » Or, il s'agit du
début de la guerre de 14 et l'Autriche n'a-

vait pas eu de guerre depuis celle de 1866
qu'elle avait menée avec une armée de
métier. Cette réputation qu'on faisait aux
Juifs en Autriche, qu'on leur a faite en
France aussi, est donc simplement le fruit
spontané de la méfiance envers le Juif. En
1938, au moment de la crise internationale
qui se dénoua à Munich, le gouvernement
français rappela seulement certaines caté-
gories de réservistes : ainsi la majorité des
hommes en état de porter les armes n'était
pas encore mobilisée. Déjà, pourtant, on
jetait des pierres contre la vitrine d'un de
mes amis, commerçant juif à Belleville, en
le traitant d'embusqué. Ainsi, le Juif, pour
qu'on le laisse en paix, devrait être mobilisé avant les autres, il devrait, en cas de
disette, être plus affamé que les autres ; si
un malheur collectif frappe le pays, il doit
être plus atteint. Cette obligation perpétuelle de faire la preuve qu'il est Français
entraîne pour le Juif *une situation de culpabilité* : s'il ne fait pas en toute occasion plus
que les autres, beaucoup plus que les autres,
il est coupable. C'est un sale Juif et l'on
pourrait dire, en parodiant une phrase de
Beaumarchais : à en juger par les qualités

qu'on exige d'un Juif pour l'assimiler à un
« vrai » Français, combien de Français
seraient dignes d'être Juifs dans leur
propre pays ?

Comme le Juif dépend de l'opinion pour
sa profession, ses droits et sa vie, sa situation est tout à fait instable ; légalement
inattaquable, il est à la merci d'une hu-
meur, d'une passion de la société « réelle ».
Il guette les progrès de l'antisémitisme, il
prévoit les crises, les lames de fond comme
le paysan guette et prévoit les orages : il
calcule sans relâche les répercussions que
les événements extérieurs auront sur sa
propre position. Il peut accumuler les ga-
ranties légales, les richesses, les honneurs,
il n'en est que plus vulnérable et il le sait.
Ainsi, lui semble-t-il à la fois que ses efforts
sont toujours couronnés de succès, car il
connaît les réussites foudroyantes de sa
race, et qu'une malédiction les a frappés de
vanité ; il n'acquerra jamais la sécurité du
chrétien le plus humble. C'est peut-être
un des sens du « Procès » de l'Israélite
Kafka : comme le héros du roman, le Juif
est engagé dans un long procès, il ne
connaît pas ses juges, à peine mieux ses

avocats, il ne sait pas ce qu'on lui reproche, et pourtant il sait qu'on le tient
pour coupable ; le jugement est sans cesse
remis à huitaine, à quinzaine, il en profite
pour se garantir de mille façons ; mais chacune de ces précautions prises à l'aveu-
glette l'enfonce encore un peu plus dans
la culpabilité ; sa situation extérieure peut
paraître brillante, mais cet interminable
procès le ronge invisiblement, et il arrive
parfois, comme dans le roman, que des
hommes le saisissent, l'entraînent, en pré-
tendant qu'il a perdu son procès, et le mas-
sacrent dans un terrain vague des fau-
bourgs.

Les antisémites ont raison de dire que le
Juif mange, boit, lit, dort et meurt comme
un Juif. Que pourrait-il faire d'autre ? Ils
ont subtilement empoisonné sa nourriture,
son sommeil et jusqu'à sa mort ; comment
ne serait-il pas, à chaque minute contraint
de prendre position en face de cet empoi-
sonnement ? Et dès qu'il met un pied dehors, dès qu'il rencontre les autres, dans la
rue, dans un lieu public, qu'il sent sur lui
le regard de ceux qu'un journal juif nomme
« Eux », avec un mélange de crainte, de

mépris, de reproche, d'amour fraternel, il
faut qu'il se décide : accepte-t-il ou non
d'être le personnage qu'on lui fait jouer ?
Et s'il accepte, dans quelle mesure ? Et s'il
refuse, refuse-t-il toute parenté avec les
autres Israélites ? ou seulement une parenté
ethnique ? Quoi qu'il fasse, il est lancé sur
cette route. Il peut choisir d'être coura-
geux ou lâche, triste ou gai, il peut choisir
de tuer les chrétiens ou de les aimer. Mais
il ne peut pas choisir de ne pas être Juif.
Ou plutôt s'il le choisit, s'il déclare que le
Juif n'existe pas, s'il nie violemment,
désespérément en lui le caractère juif,
c'est précisément en cela qu'il est Juif.
Car, moi, qui ne suis pas Juif, je n'ai rien à
nier, ni à prouver au lieu que, si le Juif a
décidé que sa race n'existe point, c'est à
lui d'en *faire la preuve*. Être Juif, c'est être
jeté, *délaissé* dans la situation juive, et c'est
en même temps, être responsable dans et
par sa propre personne du destin et de la
nature même du peuple juif. Car, quoi que
dise ou fasse le Juif, qu'il ait une conscience
obscure ou claire de ses responsabilités,
tout se passe pour lui comme s'il devait
confronter tous ses actes à un impératif

du type Kantien, tout se passe comme s'il devait se demander, en chaque cas : « Si tous les Juifs agissaient comme moi, qu'adviendrait-il de la réalité juive ? » Et, aux questions qu'il se pose (« qu'adviendrait-il si tous les Juifs étaient sionistes ou au contraire, s'ils se convertissaient tous au christianisme, si tous les Juifs niaient qu'ils soient Juifs, etc. »), il doit répondre seul et sans aide, en se choisissant.

Si l'on convient avec nous que l'homme est une liberté en situation, on concevra facilement que cette liberté puisse se définir comme authentique ou comme inauthentique, selon le choix qu'elle fait d'elle-même dans la situation où elle surgit. L'authenticité, cela va de soi, consiste à prendre une conscience lucide et véridique de la situation, à assumer les responsabilités et les risques que cette situation comporte, à la revendiquer dans la fierté ou dans l'humiliation, parfois dans l'horreur et la haine. Il n'est pas douteux que l'authenticité demande beaucoup de courage et plus que du courage. Aussi ne s'étonnera-t-on pas que l'inauthenticité soit la plus répandue. Qu'il s'agisse de bourgeois, de

chrétiens, la plupart sont inauthentiques,
en ce sens qu'ils se refusent à vivre jusqu'au
bout leur condition bourgeoise et chrétienne
et qu'ils s'en masquent toujours certaines
parties. Et lorsque les communistes inscri-
vent à leur programme la « radicalisation
des masses », lorsque Marx explique que la
classe prolétaire *doit* prendre conscience
d'elle-même, qu'est-ce que cela veut dire
sinon que l'ouvrier, lui aussi, est d'abord
inauthentique. Le Juif n'échappe pas à
cette règle : l'authenticité, pour lui, c'est
de vivre jusqu'au bout sa condition de Juif,
l'inauthenticité de la nier ou de tenter de
l'esquiver. Et l'inauthenticité est sans doute
plus tentante pour lui que pour les autres
hommes parce que la situation qu'il a à
revendiquer et à vivre est tout simplement
celle de martyr. Ce que les hommes les
moins favorisés découvrent à l'ordinaire
dans leur situation, c'est un lien de solidarité concrète avec d'autres hommes : la
condition économique de salarié, vécue
dans des perspectives révolutionnaires,
celle de membre d'une église, fût-elle per-
sécutée, comportent en elles-mêmes une
unité profonde d'intérêts matériels et spiri-

tuels. Mais nous avons montré que les Juifs
n'ont entre eux ni communauté d'intérêts,
ni communauté de croyance. Ils n'ont pas
la même patrie, ils n'ont aucune histoire.
Le seul lien qui les unisse, c'est le mépris
hostile où les tiennent les sociétés qui les
entourent. Ainsi le Juif authentique est
celui qui se revendique dans et par le mépris qu'on lui porte ; la situation qu'il veut
pleinement comprendre et vivre est, en
temps de paix sociale, presque insaisissable :
c'est une atmosphère, un sens subtil des
visages et des mots, une menace qui se dissimule dans les choses, un lien abstrait qui
l'unit à d'autres hommes fort différents de
lui par ailleurs. Tout conspire, au contraire
à le présenter comme simple Français à ses
propres yeux : la prospérité de ses affaires
dépend étroitement de celle du pays, le
sort de ses fils est lié à la paix, à la grandeur de la France, la langue qu'il parle et
la culture qu'on lui a donnée lui permettent
d'étayer ses calculs et ses raisonnements
sur des principes communs à toute une
nation. Il n'aurait donc qu'à se laisser aller
pour oublier sa condition de Juif si, comme
nous l'avons vu, il ne rencontrait partout

ce poison presque indécelable : la conscience hostile d'autrui. Ce qui peut étonner, ce n'est point qu'il y ait des Juifs inauthentiques, c'est que, proportionnellement, il y en ait moins que d'inauthentiques chrétiens. Pourtant, c'est en s'inspirant de certaines conduites des Juifs inauthentiques que l'antisémite a forgé sa mythologie du Juif en général. Ce qui les caractérise en effet, c'est qu'ils vivent leur situation en la fuyant, ils ont choisi de la nier, ou de nier leur responsabilité ou de nier leur délaissement qui leur paraissait intolérable. Cela ne signifie pas nécessairement qu'ils veuillent détruire le concept de Juif ou qu'ils nient explicitement l'existence d'une réalité juive. Mais leurs gestes, leurs sentiments et leurs actes visent sourdement à détruire cette réalité. En un mot, les Juifs inauthentiques sont des hommes que les autres hommes tiennent pour Juifs et qui ont choisi de fuir devant cette situation insupportable. Il en résulte chez eux des comportements divers, qui ne sont pas tous présents en même temps chez la même personne et dont chacun peut se caractériser comme un *chemin de fuite*. L'antisé-

mite a ramassé et accolé tous ces chemins
de fuite distincts, parfois incompatibles et
il a tracé ainsi un portrait monstrueux qu'il
prétend être celui du Juif en général ; en
même temps, il présente ces libres efforts
pour s'évader d'une situation pénible
comme des traits héréditaires, gravés dans
le corps même de l'Israélite et par conséquent, impossibles à modifier. Si nous
voulons y voir clair, il faut démembrer ce
portrait, rendre leur autonomie aux « chemins de fuite », les présenter comme des
entreprises au lieu de les considérer comme
des qualités innées. Il faut comprendre que
la nomenclature de ces chemins s'applique
uniquement au Juif *inauthentique* (le terme
d'inauthentique n'impliquant, bien entendu, aucun blâme moral) et qu'on doit la
compléter par une description de l'authenticité juive. Enfin, il faut nous pénétrer
de cette idée que c'est la *situation* du Juif
qui doit, en toute circonstance, nous servir
de fil conducteur. Si l'on a saisi cette mé-
thode et si on l'applique avec rigueur,
peut-être pourra-t-on substituer au grand
mythe manichéiste d'Israël quelques vérités plus fragmentaires mais plus précises.

Quel est le premier trait de la mythologie antisémite ? C'est, nous dit-on, que le
Juif est un être compliqué, qui passe son
temps à s'analyser et à finasser. On l'appelle volontiers « coupeur de fil en quatre »,
sans même se demander si cette tendance
à l'analyse et à l'introspection est compatible avec l'âpreté en affaires et l'arrivisme
aveugle qu'on lui attribue par ailleurs.
Pour nous, nous reconnaîtrons que le choix
de se fuir entraîne chez certains Juifs, pour
la plupart intellectuels, une attitude assez
constamment réflexive. Mais encore faut-il
s'entendre. Car cette réflexivité n'est pas
héritée : c'est un chemin de fuite ; et c'est
nous qui forçons le Juif à fuir.

Stekel, avec plusieurs autres psychana-
lystes, parle à cette occasion de « complexe
judaïque ». Et nombreux sont les Juifs qui
font mention de leur complexe d'inférie-
rité. Je ne vois pas d'inconvénients à utiliser cette expression, s'il reste bien entendu
que ce complexe n'est pas reçu de l'extérieur et que le Juif *se met en état de complexe*
lorsqu'il choisit de vivre sa situation sur
le mode inauthentique. Il s'est laissé persuader en somme par les antisémites, il

est la première victime de leur propagande.
Il admet avec eux que, *s'il y a un Juif*, il
doit avoir les caractères que la malveillance
populaire lui prête et son effort est pour
se constituer en martyr, au sens propre du
terme, c'est-à-dire pour prouver par *sa
personne*, qu'il n'y pas de Juif. L'angoisse prend souvent en lui une forme
spéciale : elle devient la peur d'agir ou de
sentir en Juif. On connaît ces psychasthé-
niques qui sont hantés par la peur de tuer,
de se jeter par la fenêtre ou de proférer des
paroles malsonnantes. Dans une certaine
mesure, et bien que leurs angoisses attei-
gnent rarement un niveau pathologique,
certains Juifs leur sont comparables : ils se
sont laissé empoisonner par une certaine
représentation que les autres ont d'eux
et ils vivent dans la crainte que leurs actes
ne s'y conforment. Ainsi pourrions-nous
dire en reprenant un terme dont nous nous
sommes servis tout à l'heure que leurs
conduites sont perpétuellement surdéter-
minées de l'intérieur. Leurs actes, en effet,
n'ont pas seulement les motifs qu'on peut
assigner à ceux des non-Juifs — intérêts,
passion, altruisme, etc. — mais ils visent

en outre à se distinguer radicalement des
actes catalogués comme « juifs ». Combien
de Juifs sont délibérément généreux, désin-
téressés et même magnifiques *parce qu'on*
tient ordinairement le Juif pour un homme
d'argent. Notons-le, cela ne signifie nullement qu'ils aient à lutter contre des « tendances » à l'avarice. Il n'y a aucune raison,
à priori, pour que le Juif soit plus avare
que le chrétien. Cela veut dire plutôt que
leurs gestes de générosité sont empoisonnés
par la décision d'être généreux. La spontanéité et le choix délibéré sont ici inextrica-
blement mêlés. Le but poursuivi, c'est à la
fois d'obtenir un certain résultat dans le
monde extérieur et aussi de se prouver à
soi-même, de prouver aux autres, qu'il n'y
a pas de nature juive. Ainsi beaucoup de
Juifs inauthentiques jouent-ils à n'être pas
Juifs. Plusieurs d'entre eux m'ont rapporté
leur curieuse réaction après l'armistice : on
sait que le rôle des Juifs dans la Résistance
a été admirable ; c'est eux qui en ont, avant
que les communistes soient entrés en action,
fourni les principaux cadres ; ils ont fait
preuve, pendant quatre ans, d'un courage
et d'un esprit de décision devant lesquels

on a plaisir à s'incliner. Pourtant, certains ont beaucoup hésité avant de « résister », la Résistance leur paraissant tellement conforme aux intérêts des Juifs qu'ils répugnaient d'abord à s'y engager ; ils auraient voulu être sûrs qu'ils ne résistaient pas *comme Juifs* mais *comme Français*. Ce scrupule montre assez la qualité particulière de leurs délibérations : le facteur juif y intervient à tout coup et il leur est impossible de décider tout bonnement d'après l'examen pur et simple des faits. En un mot, ils se sont placés naturellement sur le terrain de la réflexivité. Le Juif, comme le timide, comme le scrupuleux, ne se contente point d'agir ou de penser : il se voit agir, il se *voit* penser. Il convient cependant de remarquer que la réflexivité juive, n'ayant pas pour origine la curiosité désintéressée ou le désir d'une conversion morale, est en elle-même *pratique*. Ce n'est pas l'homme mais le *Juif* que les Juifs cherchent à connaître en eux par l'introspection ; et ils veulent le connaître *pour le nier*. Il ne s'agit pas pour eux de reconnaître certains défauts et de les combattre, mais de marquer par leur conduite qu'ils

n'ont pas ces défauts. Ainsi s'explique la
qualité particulière de l'ironie juive, qui
s'exerce le plus souvent aux dépens du Juif
lui-même et qui est une tentative perpétuelle pour se voir du dehors. Le Juif, parce
qu'il se sait regardé, prend les devants et
essaie de se regarder avec les yeux des
autres. Cette objectivité à son propre égard
est encore une ruse de l'inauthenticité :
pendant qu'il se contemple avec le « déta-
chement » d'un autre, il se sent en effet
détaché de lui-même, il est un autre, un
pur témoin.

Cependant, il le sait bien, ce détache-
ment de soi ne sera effectif que s'il est
entériné par les autres. C'est pourquoi l'on
trouve fréquemment chez lui la faculté
d'assimiler. Il absorbe toutes les connais-
sances avec une avidité qu'il ne faut pas
confondre avec la curiosité désintéressée.
C'est qu'il pense devenir « un homme »,
rien qu'un homme, un homme comme les
autres, en ingérant toutes les pensées de
l'homme et en acquérant un point de vue
humain sur l'univers. Il se cultive pour
détruire en lui le Juif, il voudrait qu'on lui
appliquât, en le modifiant un peu, le mot

de Térence : *Nil humani mihi alienum
puto ergo homo sum.* Et en même temps,
il tente de se perdre dans la foule des chrétiens : nous l'avons vu, les chrétiens ont
eu l'art et l'audace de prétendre en face du
Juif qu'ils n'étaient pas *une autre race,*
mais purement et simplement *l'homme* ; si
le Juif est fasciné par les chrétiens, ce n'est
pas pour leurs vertus, qu'il prise peu, c'est
parce qu'ils représentent l'anonymat, l'humanité sans race. S'il tente de s'infiltrer
dans les cercles les plus fermés ce n'est
pas par cette ambition effrénée qu'on lui
reproche si souvent. Ou plutôt cette ambition n'a qu'une signification : le Juif cherche à se *faire reconnaître* comme homme par
les autres hommes. S'il veut se glisser partout, c'est qu'il ne sera pas tranquille tant
qu'il demeurera un milieu qui lui résiste
et qui, en lui résistant, le constitue comme
Juif à ses propres yeux. Le principe de
cette course à l'assimilation est excellent :
le Juif revendique ses droits de Français.
Malheureusement, la réalisation de son
entreprise pèche par la base, il voudrait
qu'on l'accueillît comme « un homme », et,
même dans les cercles où il a pu pénétrer,

c'est comme Juif qu'on le reçoit : il est le
Juif riche ou puissant qu'il « faut bien »
fréquenter ou le « bon » Juif, le Juif d'exception qu'on fréquente par amitié *en dépit*
de sa race. Il ne l'ignore pas, mais s'il
s'avouait qu'on l'accueille comme Juif, son
entreprise perdrait tout sens et il se décou-
ragerait. Il est donc de mauvaise foi : il se
masque la vérité que pourtant il porte au
fond de lui-même : il conquiert *en tant que
Juif* une position, il la conserve avec les
moyens dont il dispose, c'est-à-dire avec
ses moyens *de Juif,* mais il considère chaque conquête nouvelle comme le symbole
d'un degré plus élevé d'assimilation. Il va
de soi que l'antisémitisme, qui est la réaction presque immédiate des milieux péné-
trés ne lui laisse pas ignorer longtemps ce
qu'il voudrait tant méconnaître. Mais les
violences de l'antisémite ont pour résultat paradoxal de pousser l'Israélite à la
conquête d'autres milieux et d'autres groupes. C'est qu'en effet, son ambition est
fondamentalement recherche de sécurité,
de même que son snobisme — lorsqu'il est
snob — est un effort pour assimiler les
valeurs nationales (tableaux, livres, etc.).

Ainsi traverse-t-il rapidement et brillamment toutes les couches sociales, mais il demeure comme un noyau dur dans les milieux qui l'accueillent. Son assimilation est aussi brillante qu'éphémère. On le lui reproche souvent : ainsi, selon la remarque de Siegfried, les Américains croient que leur antisémitisme a pour origine le fait que les immigrants juifs, en apparence les premiers assimilés, se retrouvent Juifs à la deuxième ou troisième génération. Bien entendu, on interprète le fait comme si le Juif ne désirait pas sincèrement s'assimiler et comme si, derrière une souplesse de commande, se dissimulait chez lui un attachement délibéré et conscient aux traditions de sa race. Mais c'est exactement le contraire : c'est parce qu'on ne l'accueille jamais comme *un* homme, mais toujours et partout comme *le* Juif, que le Juif est inassimilable.

De cette situation résulte un nouveau paradoxe : c'est que le Juif inauthentique à la fois veut se perdre dans le monde chrétien et demeure fixé dans les milieux juifs.

Partout où le Juif s'est introduit pour fuir la réalité juive, il sent qu'on l'a accueilli

comme Juif et qu'on le pense à chaque
instant comme tel. Sa vie parmi les chrétiens n'est pas un repos, elle ne lui procure pas l'anonymat qu'il cherche ; c'est au
contraire une tension perpétuelle ; dans
cette fuite vers l'homme, il emporte partout l'image qui le hante. C'est ce qui établit entre tous les Juifs une solidarité qui
n'est pas d'action ou d'intérêt, mais de situation. Ce qui les unit, plus encore qu'une souffrance de deux mille ans, c'est l'hostilité
présente des chrétiens. Ils auront beau soutenir que le hasard seul les a groupés dans
les mêmes quartiers, dans les mêmes im-
meubles, dans les mêmes entreprises, il y a
entre eux un lien complexe et fort, qu'il
vaut la peine de décrire. Le Juif, en effet,
est pour le Juif le seul homme avec lequel
il puisse dire *nous*. Et ce qu'ils ont tous
en commun (du moins tous les Juifs inauthentiques) c'est cette tentation de
considérer qu'ils « ne sont pas des hommes
comme les autres », ce vertige devant
l'opinion d'autrui et cette décision aveugle
et désespérée de fuir cette tentation. Or,
lorsqu'ils se retrouvent entre eux dans
l'intimité de leurs appartements, en élimi-

nant le témoin non-juif, ils éliminent du
même coup la réalité juive. Sans doute,
pour les rares chrétiens qui ont pénétré
dans ces intérieurs, ils ont l'air plus Juif
que jamais, mais c'est qu'ils s'abandonnent ; et cet abandon ne signifie pas qu'ils
se laissent aller avec jouissance, comme
on les en accuse, à leur « nature » juive,
mais au contraire qu'ils l'oublient. Quand
les Juifs sont entre eux, en effet, chacun
d'eux n'est, pour les autres et, par suite,
pour lui-même, rien de plus qu'un homme.
Ce qui le prouverait, si c'est nécessaire,
c'est que, très souvent, les membres d'une
même famille ne perçoivent pas les caractères ethniques de leurs parents (par
caractères ethniques nous entendons ici
les données biologiques héréditaires que
nous avons acceptées comme incontesta-
bles). Je connaissais une dame juive, dont
le fils, vers 1934, était contraint par sa
situation de faire certains voyages d'affaires en Allemagne nazie. Ce fils présentait
les caractères typiques de l'Israélite français : nez recourbé, écartement des oreilles,
etc., mais comme on s'inquiétait de
son sort, pendant une de ses asbences, sa

mère répondit : « Oh! je suis bien tranquille, il n'a absolument pas l'air juif. »

Seulement, par une dialectique propre à l'inauthenticité juive, ce recours à l'intériorité, cet effort pour constituer une immanence juive, dans laquelle chaque Juif, au lieu d'être le témoin des autres, se fondrait dans une subjectivité collective, et pour éliminer le chrétien comme regard, toutes ces ruses de *fuite* sont réduites à néant par la présence universelle et constante du non-Juif. Même dans leurs réunions les plus intimes, les Juifs pourraient dire de lui ce que Saint-John Perse dit du soleil : « Il n'est pas nommé, mais sa présence est parmi nous. » Ils n'ignorent pas que la propension même qu'ils ont à se fréquenter les définit comme Juifs aux yeux du chrétien. Et lorsqu'ils reparaissent au grand jour public, leur solidarité avec leurs coreligionnaires les marque au fer rouge. Le Juif qui rencontre un autre Juif dans le salon d'un chrétien est un peu comme un Français qui rencontrerait un compatriote à l'étranger. Encore, le Français a-t-il plaisir à s'affirmer comme Français aux yeux du monde. Le Juif, au

contraire, s'il était seul Israélite dans cette
compagnie non-juive, s'efforcerait de ne
pas *se sentir* Juif. Mais puisqu'il y a un
autre Juif avec lui, il se sent en danger
là-bas, *sur l'autre*. Et lui qui, tout à l'heure,
n'apercevait même pas les caractères ethniques de son fils ou de son neveu, voilà
qu'il épie son coreligionnaire avec les yeux
d'un antisémite, voilà qu'il guette chez lui
avec un mélange de crainte et de fatalisme
les signes objectifs de leur origine commune, il a si peur des découvertes que les
chrétiens vont faire qu'il se hâte de les
prévenir : antisémite par impatience et pour
le compte des autres. Et chaque trait juif
qu'il croit déceler est pour lui comme un
coup de poignard, car il lui semble le trouver en lui-même mais hors d'atteinte, objectif, incurable et donné. Peu importe en
effet, qui *manifeste* la race juive : dès lors
qu'elle est manifestée tous les efforts du
Juif pour la nier deviennent vains. On sait
que les ennemis d'Israël avancent volontiers à l'appui de leur propre opinion qu'il
« n'y a pas plus antisémite que le Juif ».
En fait, l'antisémitisme du Juif est em-
prunté. C'est d'abord l'obsesssion doulou-

reuse de retrouver chez ses parents, chez ses proches, les défauts qu'il veut rejeter de toutes ses forces. Stekel, dans l'analyse que nous avons citée, rapporte les faits suivants : « Au point de vue éducation et à la maison tout doit marcher d'après la directive (du mari juif). C'est encore pis en société : il poursuit (la femme qui se fait psychanalyser) de ses regards et il la critique, de sorte qu'elle perd contenance. Étant jeune fille, elle était orgueilleuse et tout le monde vantait ses manières distinguées et assurées. Maintenant, elle tremble toujours d'avoir mal fait ; elle craint la critique de son mari qu'elle lit dans ses yeux... *Aux moindres bévues, il lui reprochait que son procédé était juif.* »

On croit assister à ce drame à deux personnages : le mari, critique, presque pédant, toujours sur le plan de la réflexivité et reprochant à sa femme d'être Juive parce qu'il meurt de peur de le paraître lui-même ; la femme écrasée par ce regard impitoyable et hostile et se sentant engluée malgré elle dans la « juiverie », pressentant, sans comprendre, que chacun de ses gestes, que chacune de ses phrases détonne un peu et révèle à tous les yeux son origine. Pour l'un comme pour l'autre c'est l'enfer. Mais il faut voir, en outre, dans l'antisémitisme du Juif un effort pour se désolidariser des défauts qu'on reconnaît à sa « race » en s'en faisant le témoin objectif et le juge.

De la même façon, il arrive à beaucoup de gens de se juger eux-mêmes avec une sévérité lucide et impitoyable parce que cette sévérité opère un dédoublement et qu'en se sentant *juges* ils échappent à la condition de coupables. De toute façon, la présence manifeste, chez l'autre, de cette « réalité juive » qu'il refuse en soi, contribue à créer chez le Juif inauthentique un sentiment mystique et prélogique de sa liaison avec les autres Juifs. Ce sentiment est en somme la reconnaissance d'une *participation* ; les Juifs « participent » les uns aux autres, la vie de chacun est hantée par la vie des autres ; et cette communion mystique est d'autant plus forte que le Juif inauthentique cherche davantage à se nier comme Juif. Je n'en veux pour preuve qu'un exemple : On sait que les prostituées à l'étranger sont fréquemment françaises. La rencontre d'une Française dans une

maison publique d'Allemagne ou d'Argen-
tine n'a jamais été agréable à un Français.
Toutefois, le sens de la participation à la
réalité nationale est chez lui d'un tout
autre type : c'est une *nation* que la France,
le patriote peut donc se considérer comme
appartenant à une réalité collective dont la
forme s'exprime par son activité économique, culturelle, militaire et si, par ailleurs,
certains aspects secondaires sont déplai-
sants, il lui est permis de les négliger. Telle
n'est pas la réaction du Juif qui rencontre
une Juive dans de pareilles conditions : il
voit, en dépit de lui-même, dans cette situation humiliée de la prostituée, comme un
symbole de la situation humiliée d'Israël. Il
m'est revenu à ce sujet plusieurs anecdotes.
Je n'en citerai qu'une, parce que je la tiens
directement de celui à qui elle est arrivée :
Un Juif entrant dans une maison close choisit une prostituée et monte avec elle. Elle
lui révèle qu'elle est Juive. Il est frappé
d'impuissance sur-le-champ et bientôt d'une
intolérable humiliation qui se traduit par
de violents vomissements. Ce nest pas le
commerce sexuel avec une Juive qui lui
répugne, puisque, au contraire, les Juifs se

marient entre eux : c'est plutôt le fait de contribuer personnellement à l'humiliation de la race juive en la personne de la prostituée et, en conséquence, en sa propre personne : c'est *lui* finalement qui est prostitué, humilié, c'est lui et tout le peuple juif.

Ainsi, quoi qu'il fasse, le Juif inauthentique est habité par la conscience d'être juif. Dans le moment même où il s'efforce par toute sa conduite de démentir les traits qu'on lui prête, il croit les retrouver chez les autres et, par là, il s'en trouve indirectement doté. Il recherche et fuit ses coreligionnaires ; il affirme qu'il n'est qu'un homme parmi d'autres, comme les autres, et pourtant il se sent compromis par l'attitude du premier passant, si ce passant est Juif. Il est antisémite pour rompre tous les liens avec la communauté juive et pourtant il la retrouve au plus profond de son cœur car il ressent dans sa propre chair les humiliations que les antisémites font subir aux autres Juifs. Et c'est précisément un trait des Juifs inauthentiques que cette oscillation perpétuelle de l'orgueil au sentiment d'infériorité, de la négation volontaire et passionnée des traits de leur race à la participation mystique et charnelle avec la réalité juive. Cette situation douloureuse et inextricable peut amener un petit nombre d'entre eux au masochisme. C'est que le masochisme se présente comme une solution éphémère, comme une sorte de répit, de repos. Ce qui obsède le Juif, c'est qu'il est responsable de soi, comme tout homme, qu'il fait librement les actes qu'il juge bon de faire et que, cependant, une collectivité hostile juge à chaque fois que ces actes sont entachés du caractère juif. Ainsi lui semble-t-il qu'il se crée juif, dans le moment où il s'efforce de fuir la réalité juive. Il lui semble qu'il s'est engagé dans une lutte où il est toujours vaincu et où il se fait son propre ennemi ; dans la mesure où il a conscience d'être responsable de lui-même, il lui paraît qu'il a l'écrasante responsabilité de se faire Juif devant les autres Juifs et devant les chrétiens. Par lui, en dépit de lui-même, la réalité juive existe dans le monde. Or, le masochisme est le désir de se faire traiter en objet. Humilié, méprisé ou simplement négligé, le masochiste a la joie de se voir déplacé, manié, utilisé comme une chose. Il essaie de se réaliser comme

chose inanimée et, du même coup, il ab-
dique ses responsabilités. Ce qui attire certains Juifs, las de lutter contre cette impalpable juiverie, toujours reniée, jugulée, et
toujours renaissante, c'est l'abdication complète. Et c'est bien, en effet, se montrer
authentique que de se revendiquer comme
Juif, mais ils n'ont pas saisi que l'authenticité se manifeste dans la révolte : ils
souhaitent seulement que les regards, les
violences, le dédain d'autrui les constituent
juifs à la manière dont une pierre est une
pierre, en leur attachant des qualités et un
destin ; ainsi seront-ils soulagés un moment
et cette liberté ensorcelée qui est la leur,
qui ne leur permet pas d'échapper à leur
condition et qui semble n'être là que pour
les rendre responsables de ce qu'ils repoussent de toute leur force. Certes, il faut bien
voir que ce masochisme a aussi d'autres
causes. Dans un admirable et cruel passage
d'Antigone, Sophocle écrit : « Tu as trop
de fierté pour quelqu'un qui est dans le
malheur. » On pourrait dire qu'un des
traits essentiels du Juif c'est que, à l'en-
contre d'Antigone, une familiarité sécu-
laire avec le malheur le rend modeste dans

la catastrophe. Il ne faut point en conclure, comme on le fait souvent, qu'il est arrogant lorsqu'il réussit et humble lorsqu'il échoue. C'est tout autre chose : il a assimilé ce curieux conseil que la sagesse grecque donnait à la fille d'Œdipe, il a compris que la modestie, le silence, la patience convenaient à l'infortune parce qu'elle est déjà péché aux yeux des hommes. Et certainement cette sagesse peut se tourner en masochisme, en goût de souffrir. Mais l'essentiel demeure cette tentation de se démettre de soi-même et d'être enfin marqué pour toujours d'une nature et d'une destinée juives qui le dispensent de toute responsabilité et de toute lutte. Ainsi l'antisémitisme du Juif inauthentique et son masochisme représentent en quelque sorte les deux extrêmes de sa tentative : dans la première attitude, il va jusqu'à renier sa race pour n'être plus, à titre strictement individuel, qu'un homme sans tare au milieu des autres hommes ; dans la seconde, il renie sa liberté d'homme pour échapper au péché d'être Juif et pour tenter de rejoindre le repos et la passivité de la chose.

Mais l'antisémite ajoute une nouvelle

touche au portrait : le Juif, nous dit-il, est
un intellectuel abstrait, un pur raisonneur.
Et nous voyons bien, que, dans sa bouche,
les termes d'abstrait, de rationaliste et d'intellectuel prennent un sens péjoratif. Il ne
saurait en être autrement puisque l'antisémite se définit par la possession concrète
et irrationnelle des biens de la Nation.
Mais si nous nous rappelons que le rationalisme fut un des principaux instruments
de la libération des hommes, nous re-
fuserons de le considérer comme un pur
jeu d'abstractions et nous insisterons au
contraire sur sa puissance créatrice. C'est
en lui que deux siècles — et non des
moindres — ont mis tout leur espoir, de
lui sont nées les sciences et leurs applica-
tions pratiques ; il fut un idéal et une passion, il tenta de réconcilier les hommes en
leur découvrant des vérités universelles sur
lesquelles ils puissent tous tomber d'accord
et, dans son optimisme naïf et sympathi-
que, il confondit délibérément le Mal avec
l'erreur. On ne comprendra rien au rationalisme juif si l'on veut voir je ne sais quel
goût abstrait pour la dispute au lieu de le

prendre pour ce qu'il est : un jeune et
vivace amour des hommes.

C'est pourtant, dans le même moment,
un chemin de fuite — je dirai même, la
voie royale de la fuite. Jusqu'ici, en effet,
nous avons vu des Israélites qui s'effor-
çaient de nier par leur personne et dans
leur chair leur situation de Juif. Il en est
d'autres qui choisissent une conception du
monde où l'idée même de race ne saurait
trouver place ; bien sûr, il s'agit toujours
de se masquer *la situation de Juif* ; mais
s'ils arrivaient à se persuader et à persuader
aux autres que l'idée de Juif est contradic-
toire, s'ils arrivaient à constituer de telle
sorte leur vision du monde qu'ils devins-
sent aveugles à la réalité juive comme le
daltonien est aveugle au rouge ou au vert,
ne pourraient-ils déclarer de bonne foi
qu'ils « sont des hommes parmi les hommes »? Le rationalisme des Juifs est une
passion : la passion de l'Universel. Et s'ils
ont choisi celle-là plutôt qu'une autre, c'est
pour combattre les conceptions particularistes qui font d'eux des êtres à part. La
Raison est la chose du monde la mieux par-
tagée, elle est à tous et elle n'est à personne ;

chez tous elle est la même. Si la Raison
existe il n'y a point une vérité française et
une vérité allemande ; il n'y a pas une vérité
nègre ou juive. Il n'y a qu'une Vérité et
c'est le meilleur qui la découvre. En face
des lois universelles et éternelles, l'homme
est lui-même universel. Il n'est plus de
Juifs ni de Polonais, il y a des hommes qui
vivent en Pologne, d'autres qui sont dési-
gnés comme « de religion juive » sur leurs
papiers de famille, entre eux un accord est
toujours possible dès qu'il porte sur l'universel. On se rappelle ce portrait du philosophe que Platon trace dans le Phédon :
comment l'éveil à la raison est chez lui la
mort au corps, aux particularités du caractère, comment le philosophe désincarné,
pur amant de la vérité abstraite et universelle, perd tous ses traits singuliers pour
devenir regard universel. C'est exactement
cette désincarnation que recherchent certains Israélites. Le meilleur moyen de ne
plus se sentir Juif, c'est de raisonner, car le
raisonnement est valable pour tous et peut
être refait par tous : il n'y a pas *une manière juive* de faire des mathématiques ;
ainsi le Juif mathématicien se désincarne et

devient l'homme universel lorsqu'il raisonne. Et l'antisémite qui suit son raisonnement devient, en dépit de ses résistances,
son frère. Ainsi le rationalisme auquel le
Juif adhère si passionnément, c'est d'abord
un exercice d'ascèse et de purification, une
évasion dans l'universel : et dans la mesure
où le jeune Juif éprouve du goût pour les
argumentations brillantes et abstraites, il
est comme le nouveau-né qui touche son
corps pour le connaître : il expérimente et
inspecte sa condition enivrante d'homme
universel, il réalise sur un plan supérieur
cet accord et cette assimilation qu'on lui
refuse sur le plan social. Le choix du rationalisme est, chez lui, le choix d'un destin
de l'homme et d'une nature humaine. C'est
pourquoi il est à la fois vrai et faux que le
Juif soit « plus intelligent que le chrétien ».
Il faut plutôt dire qu'il a le goût de l'intelligence pure, qu'il aime à l'exercer à propos
de tout et de rien ; que l'usage qu'il en fait
n'est pas contrarié par ces innombrables
tabous que le chrétien rencontre en lui-
même comme des résidus, ni par un certain type de sensibilité particulariste que le
non-Juif cultive volontiers. Il faudrait ajou-

ter qu'il y a chez lui une sorte d'impérialisme passionné de la raison : car il ne veut
pas seulement convaincre qu'il est dans le
vrai, son but est de persuader à ses interlocuteurs qu'il y a une valeur absolue et
inconditionnée du rationalisme. Il se considère comme un missionnaire de l'universel ;
en face de l'universalité de la religion catholique, dont il est exclu, il veut établir la
« catholicité » du rationnel, instrument
pour atteindre le vrai et lien spirituel entre
les hommes. Ce n'est pas par hasard que
Léon Brunschvicg, philosophe israélite,
assimile les progrès de la raison et ceux de
l'unification (unification des idées, unification des hommes).

L'antisémite reproche au Juif de « n'être
point créateur », d'avoir « l'esprit dissolvant ». Cette accusation absurde (Spinoza,
Proust, Kafka, Darius Milhaud, Chagall,
Einstein, Bergson ne sont-ils pas Juifs ?)
a pu sembler spécieuse du fait que l'intelligence juive prend volontiers un tour
critique. Mais ici encore, il ne s'agit pas
d'une disposition des cellules cérébrales,
mais du choix d'une arme. Contre le Juif,
en effet, on a dressé les puissances irra-

tionnelles de la tradition, de la race, du
destin national, de l'instinct. On prétend
que ces puissances ont édifié des monu-
ments, une culture, une histoire, des valeurs
pratiques qui conservent en elles beaucoup de l'irrationalité de leurs causes et
qui ne sont accessibles qu'à l'intuition. La
défense de l'Israélite est de nier l'intuition en même temps que l'irrationnel ; elle
est de faire s'évanouir les pouvoirs obscurs,
la magie, la déraison, tout ce qui ne peut
s'expliquer à partir de principes universels,
tout ce qui laisse entrevoir des tendances
à la singularité, à l'exception. Il se méfie
par principe de ces blocs totalitaires que
de temps en temps l'esprit chrétien fait
apparaître : il *conteste*. Et sans doute
peut-on parler à ce propos de destruction :
mais ce que le Juif veut détruire est strictement localisé, c'est l'ensemble des valeurs
irrationnelles qui se livrent à une connaissance immédiate et sans garantie. Le
Juif réclame une caution, une garantie
pour tout ce qu'avance son adversaire parce
qu'ainsi, il se garantit lui-même. Il se méfie
de l'intuition parce qu'elle *ne se discute
pas* et que, par suite, elle aboutit à séparer

les hommes. S'il raisonne et dispute avec
son adversaire, c'est pour réaliser au départ
l'unité des esprits : avant tout débat, il
souhaite qu'on se mette d'accord sur les
principes dont on part. Moyennant cet
accord préalable, il offre de construire un
ordre humain fondé sur l'universalité de
la nature humaine. Cette perpétuelle critique qu'on lui reproche dissimule l'amour
naïf de la communion en raison avec ses
adversaires et la croyance plus naïve encore
que la violence n'est aucunement nécessaire dans les rapports entre les hommes.
Tandis que l'antisémite, le fasciste, etc.,
partant d'intuitions incommunicables et
qu'ils veulent telles, doivent nécessairement recourir à la force pour imposer des
illuminations qu'ils ne peuvent faire partager, le Juif inauthentique se hâte de dissoudre par l'analyse critique tout ce qui
peut séparer les hommes et les conduire
à la violence ; c'est que de cette violence,
il serait la première victime. J'entends bien
que Spinoza, Husserl, Bergson ont fait
place à l'intuition dans leur doctrine, mais
celle des deux premiers est *rationnelle*,
cela signifie qu'elle est fondée en raison,

garantie par la critique et qu'elle a pour
objet des vérités universelles. Elle ne ressemble en rien à l'esprit de finesse pasca-
lien : et c'est cet esprit de finesse, incontes-
table et mouvant, fondé sur mille perceptions imperceptibles, qui paraît au Juif
son pire ennemi. Quant à Bergson, sa
philosophie offre l'aspect curieux d'une
doctrine anti-intellectualiste entièrement
bâtie par l'intelligence la plus raisonneuse
et la plus critique. C'est en argumentant
qu'il établit l'existence d'une durée pure,
d'une intuition philosophique ; et cette
intuition même qui découvre la durée ou
la vie, elle est universelle en ce que chacun
peut la pratiquer et elle porte sur l'universel puisque ses objets peuvent être nommés
et conçus. J'entends que Bergson fait mille
manières avant de se servir du langage.
Mais finalement, il accepte que les mots
jouent le rôle de guides, d'indicateurs, de
messagers à demi fidèles. Qui donc en
demande davantage ? Et voyez comme il est
à son aise dans la contestation : relisez le
Chapitre 1er de l'*Essai sur les données
immédiates*, la critique classique du parallélisme psycho-physiologique, celle de la

théorie de Broca sur l'aphasie. En fait, de même que l'on a pu dire avec Poincaré que la géométrie non euclidienne était affaire de définition et qu'elle naissait dès que je décidais d'appeler droites un certain type de courbes, par exemple les circonférences qu'on peut tracer à la surface d'une sphère, de même la philosophie de Bergson est un rationalisme qui s'est choisi un langage particulier. Il a choisi, en effet, d'appeler vie, durée pure, etc., ce que la philosophie antérieure nommait le « continu » et il a baptisé « intuition » la compréhension de ce continu. Comme cette compréhension doit être préparée par des recherches et des critiques, comme elle saisit un universel et non des particularités incommunicables, il revient au même de l'appeler intuition irrationnelle ou fonction synthétique de la raison. Si l'on nomme — à bon droit — irrationalisme la pensée de Kierkegaard ou de Novalis, nous dirons que le système de Bergson est un rationalisme débaptisé. Et, pour ma part, j'y vois comme la défense suprême d'un persécuté : attaquer pour se défendre, conquérir l'irrationalisme de l'adversaire en tant que tel, c'est-à-dire le rendre inoffensif et l'assimiler à une raison constructrice. Et de fait, l'irrationnel de Sorel conduit tout droit à la violence et, par suite, à l'antisémitisme ; au lieu que celui de Bergson est parfaitement inoffensif et ne peut servir qu'à la réconciliation universelle.

Cet universalisme, ce rationalisme critique se retrouve à l'ordinaire chez le démocrate. Son libéralisme abstrait affirme que Juifs, Chinois, Noirs, doivent avoir les mêmes droits que les autres membres de la collectivité, mais il réclame ces droits pour eux en tant qu'ils sont des hommes, non pas en tant qu'ils sont des produits concrets et singuliers de l'histoire. Aussi certains Juifs tournent vers leur personne le regard du démocrate. Hantés par le spectre de la violence, résidus inassimilés des sociétés particularistes et guerrières, ils rêvent d'une communauté contractuelle où la pensée elle-même s'établirait sous forme de contrat — puisqu'elle serait dialogue, puisque les disputeurs passeraient accord, au départ, sur les principes — et où le « contrat social » serait l'unique lien collectif. Les Juifs sont les plus doux des hommes. Ils sont passion-

nément ennemis de la violence. Et cette
douceur obstinée qu'ils conservent au milieu des persécutions les plus atroces, ce
sens de la justice et de la raison qu'ils
opposent comme leur unique défense à une
société hostile, brutale et injuste, c'est peut-
être le meilleur du message qu'ils nous
délivrent et la vraie marque de leur grandeur.

Mais l'antisémite s'empare aussitôt de ce
libre effort du Juif pour vivre et dominer
sa situation ; il en fait un trait figé qui manifeste l'incapacité du Juif à s'assimiler.
Le Juif n'est plus un rationaliste mais un
raisonneur, sa quête n'est pas la recherche
positive de l'universel, mais elle manifeste
son incapacité de saisir les valeurs vitales
raciales et nationales ; l'esprit de libre critique dans lequel il puise l'espoir de se
défendre contre les superstitions et des
mythes devient esprit satanique de négation, virus dissolvant ; au lieu de l'apprécier comme un instrument d'auto-critique,
né spontanément à l'intérieur de sociétés
modernes, on veut y voir un danger permanent pour les liens nationaux et les valeurs
françaises. Plutôt que de nier l'amour de

certains Juifs pour l'exercice de la Raison,
il nous a paru plus vrai et plus utile de tenter une explication de leur rationalisme.

C'est encore comme une tentative d'évasion qu'il faut interpréter l'attitude de
quelques-uns d'entre eux vis-à-vis de leur
propre corps. On sait en effet que les seuls
caractères ethniques du Juif sont physiques. L'antisémite s'est emparé de ce fait
et l'a transformé en mythe : il prétend déceler son ennemi sur un simple coup d'œil.

La réaction de certains Israélites va donc
à nier ce corps qui le trahit. Naturellement,
cette négation variera d'intensité selon que
leur aspect physique sera plus ou moins
révélateur ; en tout cas, ils n'adhèrent pas
à leur corps avec cette complaisance, ce
sentiment tranquille de la propriété qui
caractérisent la plupart des « Aryens ».
Pour ceux-ci, le corps est un fruit de la
terre française ; ils le possèdent par le
moyen de cette participation magique et
profonde qui leur assure déjà la jouissance
de leur sol et de leur culture. Parce qu'ils
en sont fiers, ils lui ont attaché un certain
nombre de valeurs strictement irrationnelles qui sont destinées à exprimer les

idéaux de la *vie* en tant que telle. Scheler
les a justement nommées valeurs vitales ;
elles ne concernent, en effet, ni les besoins
élémentaires du corps, ni les demandes de
l'esprit, mais un certain type d'épanouissement, un certain style biologique qui
semble manifester le fonctionnement intime de l'organisme, l'harmonie et l'indépendance des organes, le métabolisme cel-
lulaire et surtout le « projet de vivre », ce
projet aveugle et rusé qui est le sens même
de la finalité vivante. La grâce, la noblesse,
la vivacité sont parmi ces valeurs. On
constatera, en effet, que nous les saisissons
sur les animaux eux-mêmes : on parlera de
la grâce du chat, de la noblesse de l'aigle.
Il va de soi que dans le concept de *race*, les
gens font entrer un grand nombre de ces
valeurs biologiques. La race elle-même
n'est-elle pas une pure valeur vitale ; n'en-
globe-t-elle pas, dans sa structure profonde,
un jugement de valeur, puisque l'idée
même de race implique celle d'inégalité ?
Dès lors, le chrétien, l'aryen sent son corps
d'une façon particulière : il n'y a pas chez
lui une pure et simple conscience des modifications massives de ses organes ; les ren-

seignements que son corps lui envoie, ses
appels et ses messages lui parviennent avec
certains coefficients d'idéalité, sont toujours plus ou moins symboles de valeurs
vitales. Il consacre même une partie de son
activité à se procurer des perceptions de
lui-même qui correspondent à son idéal
vital. La nonchalance de nos élégants, la
vivacité et « l'allant » qui caractérisa l'air
à la mode de certaines époques, la dé-
marche féroce de l'Italien fasciste, la grâce
des femmes, toutes ces conduites biologiques visent à exprimer l'aristocratie du
corps. A ces valeurs sont naturellement
liées des antivaleurs, telles que le discrédit
jeté sur les *basses fonctions* du corps, ainsi
que des conduites et des sentiments sociaux : la pudeur par exemple. Celle-ci, en
effet, n'est pas seulement la honte de montrer sa nudité, c'est aussi une certaine façon
de tenir le corps pour précieux, c'est un
refus d'y voir un simple instrument, c'est
une manière de le cacher dans le sanctuaire
de vêtements comme un objet de culte. Le
Juif inauthentique est dépouillé par le chrétien de ses valeurs vitales. Si son corps se
rappelle à lui, le concept de race apparaît

aussitôt pour lui empoisonner ses sensa-
tions intimes. Les valeurs de noblesse et de
grâce ont été accaparées par les aryens qui
les lui refusent. S'il acceptait ces valeurs,
il serait contraint peut-être de reconsidérer
la notion de supériorité ethnique avec toutes
les conséquences qu'elle implique. Au nom
même de l'idée *d'homme universel*, il refuse
de prêter l'oreille à ces messages si particuliers que lui envoie son organisme ; au nom
de la *rationalité*, il repousse les valeurs irrationnelles et n'accepte que les valeurs spirituelles ; l'universalité étant pour lui au
sommet de l'échelle des valeurs, il conçoit
une sorte de *corps universel et rationalisé.*
Il n'a pas pour son corps le mépris des
ascètes, il n'en fait pas une « guenille » ou
une « bête » mais il ne le voit pas non plus
sous les aspects d'un objet de culte : dans
la mesure où il ne *l'oublie pas*, il le traite
comme un instrument, qu'il se soucie uniquement d'adapter avec précision à ses
fins. Et, de même qu'il se refuse à considérer les valeurs irrationnelles de la vie, de
même il n'accepte pas d'établir une hiérarchie entre les fonctions naturelles. Ce
refus est à deux fins : d'une part, il entraîne

la négation de la spécificité ethnique d'Israël
et, d'autre part, c'est une arme impéria-
liste et offensive qui vise à persuader aux
chrétiens que leurs corps ne sont que des
outils. Le « manque de pudeur » que l'antisémite ne se fait pas défaut de reprocher
à certains Juifs n'a pas d'autre origine.
C'est tout d'abord une affectation de traiter le corps rationnellement. Si le corps
est une mécanique, pourquoi jeter l'interdit sur les besoins d'excrétion ? Pourquoi
exercer sur lui un contrôle perpétuel ? Il
faut le soigner, le nettoyer, l'entretenir,
sans joie, sans amour et sans honte, comme
une machine. Mais en outre, on doit sans
doute discerner, au moins dans quelques
cas, au fond de cette impudeur, un certain
désespoir : à quoi bon voiler la nudité d'un
corps que le regard des aryens a déshabillé
une fois pour toutes ; être Juif sous leurs
yeux, n'est-ce pas pis qu'être nu ? Et, bien
entendu, ce rationalisme n'est pas l'apanage des Israélites : on trouverait nombre
de chrétiens — les médecins par exemple —
qui ont adopté sur leur propre corps ou sur
celui de leurs enfants, ce point de vue rationnel, mais il s'agit alors d'une conquête,

d'un affranchissement qui coexiste, la plupart du temps, avec bien des survivances prélogiques. Le Juif, au contraire, ne s'est point exercé à critiquer les valeurs vitales : il s'est fait tel qu'il n'en a pas le sens. Il faudrait ajouter, d'ailleurs, contre l'antisémite, que ce malaise corporel peut avoir des résultats rigoureusement opposés et conduire à une honte du corps et à une pudeur extrême. On m'a cité beaucoup d'Israélites qui l'emportent en pudeur sur les chrétiens et dont le souci constant est de voiler leur corps, d'autres qui se préoccupent de le spiritualiser, c'est-à-dire — puisqu'on lui refuse les valeurs vitales — de l'habiller avec des significations spirituelles. Pour un chrétien le visage et les gestes de certains Juifs sont souvent gênants *à force de signifier*. Ils expriment trop et trop longtemps l'intelligence, la bonté, la résignation, la douleur.

On a coutume de railler les gestes rapides et, si je puis dire, volubiles, que le Juif fait avec ses mains lorsqu'il parle. Cette vivacité mimique est d'ailleurs moins répandue qu'on le prétend. Mais ce qui importe surtout, c'est de la distinguer de

certaines mimiques qui lui ressemblent en
apparence : celles du Marseillais, par exemple. Chez le Marseillais, la mimique, emportée, rapide, intarissable, va avec un feu
intérieur, une nervosité constante, un désir
de rendre avec tout son corps ce qu'il voit
ou ce qu'il sent. Chez le Juif, il y a avant
tout le désir d'être totalement signifiant, de
sentir son organisme comme un signe au
service de l'idée, de transcender ce corps
qui lui pèse vers les objets ou les vérités
qui se dévoilent à sa raison. Ajoutons que
la description, en des matières si délicates,
doit s'entourer de beaucoup de précautions : ce que nous venons de dire ne convient pas à tous les Juifs inauthentiques
et, surtout, offre une importance variable
dans l'attitude générale du Juif, selon son
éducation, son origine et surtout l'ensemble
de son comportement.

Il me paraît que l'on pourrait expliquer
de la même façon le fameux « manque de
tact » israélite. Bien entendu, il y a dans
cette accusation une part considérable de
malveillance. Il reste que ce qu'on nomme
le tact ressortit à « l'esprit de finesse » et
que le Juif se méfie de l'esprit de finesse.

Agir avec tact, c'est apprécier en un coup
d'œil la situation, l'embrasser synthétique-
ment, la sentir plus encore que l'analyser,
mais c'est, en même temps, diriger sa
conduite en se référant à une foule de principes indistincts dont les uns concernent les
valeurs vitales et dont d'autres expriment
des traditions de politesse et de cérémonies
tout à fait irrationnelles. Ainsi l'acte accompli « avec tact » implique que son auteur
adopte une certaine conception du monde
traditionnelle, synthétique et rituelle ; on
ne peut *en rendre raison* ; il implique aussi
un sens particulier des ensembles psychologiques, il n'est aucunement *critique*, ajoutons enfin qu'il ne prend tout son sens que
dans une communauté strictement définie
qui possède ses idéaux, ses mœurs et ses
coutumes. Le Juif a autant de tact naturel
que quiconque, si l'on entend par là la
compréhension originelle de l'Autre ; mais
il ne *cherche* pas à en avoir.

Accepter de fonder ses conduites sur le
tact, ce serait reconnaître que la raison n'est
pas un guide suffisant dans les relations
humaines et que la tradition, les puissances
obscures de l'intuition peuvent lui être

supérieures lorsqu'il s'agit de s'adapter aux hommes ou de les manier ; ce serait admettre une casuistique, une morale des cas particuliers, donc renoncer à l'idée d'une nature humaine universelle réclamant des traitements universels ; il lui faudrait avouer que les situations concrètes sont incomparables entre elles comme d'ailleurs les hommes concrets, il lui faudrait verser dans le particularisme. Mais dès lors, il signe sa perte : car au nom de ce tact, l'antisémite le dénonce comme un cas particulier et l'exclut de la communauté nationale. Il y a donc chez le Juif une inclination marquée à croire que les pires difficultés se laissent résoudre par la raison ; il ne *voit* pas l'irrationnel, le magique, la nuance concrète et particulière ; il ne *croit pas* aux singularités de sentiments ; par une réaction de défense fort compréhensible, cet homme qui vit de l'opinoin que les autres ont de lui, essaie de nier les valeurs d'opinion, il est tenté d'appliquer aux hommes les raisonnements qui conviennent aux choses ; il se rapproche du rationalisme analytique de l'ingénieur et de l'ouvrier : non parce qu'il est formé ou attiré par les choses, mais parce qu'il est repoussé par les hommes. Et la psychologie analytique qu'il construit substitue volontiers aux structures synthétiques de la conscience le jeu des intérêts, la composition des appétits, la somme algébrique des tendances. L'art de dominer, de séduire et de persuader devient un calcul rationnel. Seulement il va de soi que l'explication des conduites humaines par les notions universelles risque de conduire à l'abstraction.

Et c'est bien, en effet, le goût de l'abstraction qui permet de comprendre le rapport spécial du Juif avec l'argent. Le Juif aime l'argent, dit-on. Pourtant la conscience collective, qui le dépeint volontiers comme âpre au gain, le confond rarement avec cet autre mythe populaire qu'est l'Avare et c'est même un thème favori d'imprécations pour l'antisémite que la prodigalité munificente du Juif. A vrai dire, si le Juif aime l'argent, ce n'est pas par un goût singulier pour la monnaie de cuivre ou d'or ou pour les billets : souvent l'argent prend pour lui la forme abstraite d'actions, de chèques ou de compte en banque. Ce n'est donc pas à sa figuration sen-

sible qu'il s'attache mais à sa forme abstraite. Il s'agit en réalité d'un pouvoir
d'achat. Seulement, s'il préfère à toute
autre cette forme de propriété, c'est qu'elle
èst universelle. Le mode d'appropriation
par l'achat ne dépend pas, en effet, de la
race de l'acheteur, il ne varie point avec
son idiosyncrasie ; le *prix* de l'objet renvoie
à un acheteur *quelconque*, défini seulement
par le fait qu'il possède la somme marquée
sur l'étiquette. Et lorsque la somme est ver-
sée, l'acheteur est légalement propriétaire
de l'objet. Ainsi la propriété par achat est
une forme abstraite et universelle de propriété qui s'oppose à l'appropriation sin-
gulière et irrationnelle par participation.
Il y a ici un cercle vicieux : plus le Juif
est riche, plus l'antisémite traditionaliste
aura tendance à insister sur ce que la
véritable propriété n'est pas la propriété
légale, mais une adaptation du corps et
de l'esprit à l'objet possédé : ainsi, nous
l'avons vu, le pauvre récupère le sol et
les biens spirituels français. La littérature
antisémite fourmille de fières réponses adres-
sées à des Juifs par de vertueux orphelins
ou par de vieux nobles ruinés et dont le

sens est, en substance, que l'honneur,
l'amour, la vertu, le goût, etc. « ne s'achè-
tent pas ». Mais plus l'antisémite insistera
sur ce genre d'appropriation qui vise à ex-
clure le Juif de la communauté, plus le Juif
sera tenté d'affirmer que l'unique mode de
propriété est la propriété légale qui s'òbtient
par achat. En opposition avec cette possession magique qu'on lui refuse et qui vient
lui dérober jusqu'aux objets qu'il a achetés,
il s'attache à l'argent comme au pouvoir
légitime d'approbation de l'homme universel et anonyme qu'il veut être. Et s'il
insiste sur la puissance de l'argent, c'est
pour défendre ses droits de consommateur
dans une communauté qui les lui conteste,
et c'est en même temps pour rationaliser
le lien du possesseur à l'objet possédé, de
manière à faire entrer la propriété dans le
cadre d'une conception rationnelle de l'univers. L'achat, en effet, comme acte com-
mercial rationnel, légitime la propriété et
celle-ci se définit simplement comme droit
d'usage. En même temps, la *valeur* de
l'objet acquis, au lieu d'apparaître comme
je ne sais quel *mâna* mystique qui se révé-
lerait aux seuls initiés, s'identifie avec son

prix, lequel est publié et immédiatement
connaissable pour n'importe qui. On voit
tous les arrière-plans que comporte le goût
du Juif pour l'argent : si l'argent définit la
valeur, celle-ci est universelle et rationnelle,
elle n'émane donc pas d'obscures sources
sociales, elle est accessible à tous : dès
lors, le Juif ne saurait être exclu de la
Société ; il s'y intègre comme acheteur et
comme consommateur anonyme. L'argent
est facteur d'intégration. Et aux belles
formules de l'antisémite « l'argent ne peut
pas tout » ou « il y a des choses qui ne s'a-
chètent pas », il répond parfois en affirmant
la toute-puissance de l'argent : « On peut
acheter toutes les consciences, il suffit d'y
mettre le prix. » Il ne s'agit là ni de cynisme
ni de bassesse : c'est seulement une contre-
attaque. Il voudrait persuader à l'antisémite que les valeurs irrationnelles sont
de pures apparences et qu'il n'est personne
qui ne soit prêt à les monnayer. Si l'antisémite se laisse acheter, la preuve est faite :
c'est qu'il préfère au fond, lui aussi, l'appropriation légale par achat à l'appropriation
mystique par participation. Du coup, il
rentre dans l'anonymat ; il n'est plus qu'un

homme universel qui se définit uniquement
par son pouvoir d'achat. Ainsi s'expliquent
à la fois « l'âpreté du gain » du Juif et sa
réelle générosité. Son « amour de l'argent »
manifeste seulement sa décision délibérée
de ne considérer comme valables que les
rapports rationnels, universels et abstraits
que l'homme soutient avec les choses ; le
Juif est utilitariste parce que l'opinion lui
refuse tout mode de jouissance des objets
autre que *l'usage*. En même temps, il veut
acquérir par l'argent les droits sociaux
qu'on lui refuse à titre individuel. Il n'est
pas choqué d'être aimé pour son argent :
le respect, l'adulation que sa richesse lui
procure s'adressent à l'être anonyme qui
possède *tel* pouvoir d'achat ; or, c'est précisément cet anonymat qu'il cherche : de
façon assez paradoxale, il veut être riche
pour passer inaperçu.

Ces indications devraient nous permettre
de tracer les traits principaux de la sensibilité juive. Celle-ci, on s'en doute, est profondément marquée par le choix que le Juif
fait de lui-même et du sens de sa situation.
Mais il ne s'agit pas ici de faire un portrait.
Nous nous contenterons donc d'évoquer la

longue patience du Juif et cette attente de
la persécution, ce pressentiment de la catastrophe qu'il cherche à se masquer pendant
les années heureuses et qui jaillit soudain,
dès que le ciel se couvre, sous forme d'*aura*
prophétique ; nous signalerons la nature
particulière de son humanisme, cette volonté de fraternité universelle qui se bute
contre le plus obstiné des particularismes
et le mélange bizarre d'amour, de mépris,
d'admiration, de méfiance qu'il a pour ces
hommes qui ne veulent pas de lui. Ne
croyez pas qu'il suffise d'aller à lui les bras
ouverts pour qu'il vous donne sa confiance :
il a appris à discerner l'antisémitisme sous
les plus tonitruantes manifestations de libéralisme. Il est aussi méfiant à l'égard des
chrétiens que les ouvriers à l'égard des
jeunes bourgeois qui « se penchent sur le
peuple ». Sa psychologie utilitariste le
conduit à chercher derrière les témoignages
de sympathie que certains lui prodiguent
le jeu des intérêts, le calcul, la comédie de
la tolérance. Il se trompe rarement d'ailleurs. Mais pourtant, il recherche passionnément ces témoignages, il aime ces honneurs dont il se défie, il souhaite d'être de

l'autre côté de la barrière avec eux, parmi eux, il caresse le rêve impossible d'être soudain guéri de sa suspicion universelle par affection manifeste, par des preuves évidentes de bonne volonté. Il faudrait décrire ce monde à deux pôles, cette humanité scindée en deux et indiquer que chaque sentiment juif a une qualité différente selon qu'il s'adresse à un chrétien ou à un Juif : l'amour d'un Juif pour une Juive n'est pas de même nature que l'amour qu'il porte à une « Aryenne » ; il y a un dédoublement profond de la sensibilité juive, qui se masque sous les dehors d'un humanisme universaliste. Il faudrait noter enfin la fraîcheur désarmée et la spontanéité inculte des sentiments juifs : tout entier occupé de rationaliser le monde, l'Israélite inauthentique peut sans doute *analyser* ses affections, mais il ne peut les cultiver ; il se peut qu'il soit Proust mais non Barrès. C'est que la culture des sentiments et du moi suppose un traditionalisme profond, un goût du particulier et de l'irrationnel, un recours à des méthodes empiriques, la jouissance tranquille de privilèges mérités : ce sont là les principes d'une sensibilité aristocra-

tique. A partir de là, le chrétien mettra tous
ses soins à se traiter comme une plante de
luxe ou comme ces barriques de bon vin
qu'on envoyait jusqu'aux Indes pour les
ramener ensuite en France, parce que l'air
des mers les pénétrait et donnait au vin
qu'elles contenaient une saveur non pa-
reille. La culture du moi est toute magique
et participationniste, mais cette attention
perpétuellement tournée vers soi finit par
porter quelques fruits. Le Juif qui se fuit et
qui conçoit les processus psychologiques
comme des agencements mécaniques plutôt
que comme l'épanouissement d'un organisme, assiste sans doute au jeu de ses
inclinations, car il s'est placé sur le plan
réflexif, mais il ne les travaille pas ; il n'est
même pas sûr qu'il en saisisse le véritable
sens : l'analyse réflexive n'est pas le meilleur instrument d'enquête psychologique.
Ainsi le rationaliste est-il sans cesse débordé
par une masse mouvante et fraîche de passions et d'émotions. Il joint une sensibilité
brute aux raffinements de la culture intellectuelle. Il y a une sincérité, une jeunesse,
une chaleur dans les manifestations d'amitié d'un Juif qu'on trouvera rarement chez

le chrétien, empêtré dans ses traditions et
ses cérémonies. C'est ce qui donne aussi ce
caractère désarmé à la souffrance juive, la
plus bouleversante des souffrances. Mais
il n'est pas dans notre sujet d'y insister. Il
nous suffit d'avoir indiqué les conséquences
que peut avoir l'inauthenticité juive. Nous
nous contenterons, pour finir, d'indiquer à
grands traits ce qu'on appelle *l'inquiétude*
juive. Car les Juifs sont souvent inquiets.
Un Israélite n'est jamais sûr de sa place
ou de ses possessions ; il ne saurait même
affirmer qu'il sera encore demain dans le
pays qu'il habite aujourd'hui, sa situation,
ses pouvoirs et jusqu'à son droit de vivre
peuvent être mis en question d'une minute
à l'autre ; en outre, il est, nous l'avons vu,
hanté par cette image insaisissable et
humiliante que les foules hostiles ont de
lui. Son histoire est celle d'une errance de
vingt siècles ; à chaque instant, il doit s'at-
tendre à reprendre son bâton. Mal à l'aise
jusque dans sa peau, ennemi irréconcilié de
son corps, poursuivant le rêve impossible
d'une assimilation qui se dérobe à mesure
qu'il tente de s'en approcher, il n'a jamais
la sécurité épaisse de l' « Aryen » solide-

ment établi sur ses terres, et si certain de
ses titres de propriété qu'il peut aller jusqu'à oublier qu'il est propriétaire et à trouver *naturel* le lien qui l'unit à son pays.
Seulement, il ne faudrait pas croire que
l'inquiétude juive est métaphysique. On
l'assimilerait à tort à l'angoisse que provoque en nous la considération de la condition
humaine. Je dirais volontiers que l'inquiétude métaphysique est un luxe que le Juif,
pas plus que l'ouvrier, ne peut aujourd'hui
se permettre. Il faut être sûr de ses droits
et profondément enraciné dans le monde,
il faut n'avoir aucune des craintes qui
assaillent chaque jour les classes ou les
minorités opprimées, pour se permettre de
s'interroger sur la place de l'homme dans
le monde et sur sa destinée. En un mot, la
métaphysique est l'apanage des classes diri-
geantes aryennes. Qu'on ne voie pas dans
ces remarques une tentative pour la discré-
diter : elle redeviendra le souci essentiel de
l'homme lorsque les hommes se seront libérés. L'inquiétude du Juif n'est pas méta-
physicienne, elle est sociale. Ce qui fait
l'objet ordinaire de son souci, ce n'est pas
encore la place de l'homme dans le monde,

mais sa place dans la société : il ne voit pas
le délaissement de chacun au milieu d'un
univers muet, parce qu'il n'émerge pas
encore de la société dans le monde. C'est
parmi les hommes qu'il se sent délaissé ; le
problème racial lui bouche l'horizon. Son
inquiétude n'est point de celles qui veulent
se perpétuer ; il ne s'y complaît pas : il
veut être rassuré. On me faisait remarquer
qu'il n'y a pas eu en France de Juif surréa-
liste. C'est que le surréalisme, à sa manière,
pose la question de la destinée humaine.
Ses entreprises de démolition et le grand
bruit qu'il a mené autour d'elles, ce furent
les jeux luxueux de jeunes bourgeois bien
à l'aise dans un pays vainqueur et qui leur
appartenait. Le Juif ne songe point à démo-
lir, ni à considérer la condition humaine
dans sa nudité. C'est *l'homme social* par
excellence, parce que son tourment est
social. C'est la société, non le décret de
Dieu, qui a fait de lui un Juif, c'est elle qui
a fait naître le problème juif et, comme il
est contraint de se choisir tout entier dans
les perspectives que définit ce problème,
c'est dans et par le social qu'il choisit son
existence même ; son projet constructif de

s'intégrer dans la communauté nationale est social, social l'effort qu'il fait pour se penser, c'est-à-dire pour se situer parmi les autres hommes, sociales ses joies et ses peines ; mais c'est parce que la malédiction qui pèse sur lui est sociale. Si, par conséquent, on lui reproche son inauthenticité métaphysique, si l'on fait remarquer que son inquiétude perpétuelle s'accompagne d'un radical positivisme, qu'on n'oublie pas que les reproches se retournent contre ceux qui les formulent : le Juif est social parce que l'antisémite l'a fait tel.

Tel est donc cet homme traqué, condamné à se choisir sur la base de faux problèmes et dans une situation fausse, privé du sens métaphysique par l'hostilité menaçante de la société qui l'entoure, acculé à un rationalisme de désespoir. Sa vie n'est qu'une longue fuite devant les autres et devant lui-même. On lui a aliéné jusqu'à son propre corps, on a coupé en deux sa vie affective, on l'a réduit à poursuivre dans un monde qui le rejette, le rêve impossible d'une fraternité universelle. A qui la faute ? Ce sont nos yeux qui lui renvoient l'image inacceptable qu'il veut se dissimuler. Ce sont nos

paroles et nos gestes — *toutes* nos paroles
et *tous* nos gestes, notre antisémitisme,
mais tout aussi bien notre libéralisme
condescendant — qui l'ont empoisonné jusqu'aux moelles ; c'est nous qui le contrai-
gnons à *se choisir juif*, soit qu'il se fuie,
soit qu'il se revendique, c'est nous qui
l'avons acculé au dilemme de l'inauthenticité ou de l'authenticité juive. Nous avons
créé cette espèce d'hommes qui n'a de sens
que comme produit artificiel d'une société
capitaliste (ou féodale), qui n'a pour raison
d'être que de servir de bouc émissaire à une
collectivité encore prélogique. Cette espèce
d'hommes qui *témoigne de l'homme* plus
que toutes les autres parce qu'elle est née
de réactions secondaires à l'intérieur de
l'humanité, cette quintessence d'homme,
disgrâciée, déracinée, originellement vouée
à l'inauthenticité ou au martyre. Il n'est
pas un de nous qui ne soit, en cette circonstance, totalement coupable et même criminel ; le sang juif que les nazis ont versé
retombe sur toutes nos têtes.

Reste, dira-t-on, que le Juif est libre : il
peut choisir d'être authentique. C'est vrai,
mais il faut d'abord comprendre que *cela*

ne nous regarde pas : le captif est toujours
libre de s'évader, s'il est bien entendu qu'il
risque la mort en franchissant les barbelés ;
est-ce que son geôlier en est moins coupable ? L'authenticité juive consiste à se
choisir *comme juif*, c'est-à-dire à réaliser sa
condition juive. Le Juif authentique aban-
donne le mythe de l'homme universel : il
se connaît et se veut dans l'histoire comme
créature historique et damnée ; il a cessé
de se fuir et d'avoir honte des siens. Il a
compris que la société est mauvaise ; au
monisme naïf du Juif inauthentique, il
substitue un pluralisme social ; il sait qu'il
est *à part*, intouchable, honni, procrit et
c'est *comme tel* qu'il se revendique. Du
coup, il renonce à son optimisme rationaliste : il voit que le monde est morcelé par
des divisions irrationnelles et en acceptant
ce morcellement — du moins en ce qui le
concerne — en se proclamant Juif, il fait
siennes certaines de ces valeurs et de ces
divisions ; il choisit ses frères et ses pairs :
ce sont les autres Juifs ; il parie pour la
grandeur humaine puisqu'il accepte de
vivre dans une condition qui se définit précisément comme invivable, puisqu'il tire

son orgueil de son humiliation. Il ôte tout pouvoir et toute virulence à l'antisémitisme du moment même qu'il cesse d'être passif. Car le Juif inauthentique fuyait sa réalité juive et c'était l'antisémite qui le faisait Juif malgré lui ; au lieu que le Juif authentique *se fait juif* lui-même et de lui-même, envers et contre tous ; il accepte tout jusqu'au martyre et l'antisémite désarmé doit se contenter d'aboyer sur son passage sans pouvoir le marquer. Du coup, le Juif, comme tout homme authentique, échappe à la description : les caractères communs que nous avons relevés chez les Juifs inauthentiques émanaient de leur inauthenticité commune. Nous n'en retrouverons aucun chez le Juif authentique : il est ce qu'il se fait, voilà tout ce qu'on peut dire. Il se retrouve dans son délaissement consenti, un homme, tout un homme, avec les horizons métaphysiques que comporte la condition humaine.

Les bonnes âmes ne sauraient toutefois se tranquilliser en disant : « Eh bien, puisque le Juif est libre, qu'il soit donc authentique et nous aurons la paix. » Le choix de l'authenticité n'est pas une solution sociale

du problème juif ; ce n'est même pas une
solution individuelle. Sans doute, les Juifs
authentiques sont-ils aujourd'hui beaucoup
plus nombreux qu'on ne l'imagine. Les
souffrances qu'ils ont endurées ces dernières
années n'ont pas peu contribué à leur
dessiller les yeux et il me paraît même pro-
bable qu'il y a plus de Juifs authentiques
que d'authentiques chrétiens. Mais le choix
qu'ils ont fait d'eux-mêmes ne facilite pas
leur action individuelle, bien au contraire.
Voici, par exemple, un Juif français « authentique » qui, après s'être battu en 1940,
dirige à Londres une revue de propagande
française pendant l'occupation. Il écrit
sous un pseudonyme parce qu'il veut
éviter que sa femme, « aryenne », et de-
meurée en France soit inquiétée. C'est ce
que font aussi beaucoup de Français émigrés ; et on le trouve bon lorsqu'il s'agit
d'eux. Mais quant à lui, on lui refuse ce
droit : « Ah! dit-on, voilà encore un youtre
qui veut dissimuler son origine. » Il choisit
les articles qu'il publie en tenant compte
uniquement de leur valeur. Si la proportion
des articles juifs est, par hasard, considérable, les lecteurs ricanent, on lui écrit :

« Voilà la grande famille qui se reconstitue. » S'il refuse un article juif, au contraire, on dit qu'il « fait de l'antisémitisme ». Eh bien, dira-t-on, qu'il s'en moque, puisqu'il est authentique. Cela est vite dit : il ne peut pas s'en moquer puisque, précisément, *son action est de propagande* ; il dépend donc de l'opinion. « Fort bien : alors c'est que ce genre d'action est interdit aux Juifs ; qu'il s'en abstienne. » Nous y voilà : vous accepteriez l'authenticité si elle conduisait droit au ghetto. Et c'est vous qui refusez d'y voir une solution du problème. Socialement, d'ailleurs, les choses ne vont pas mieux : les circonstances que nous avons créées sont telles qu'elle aboutit à semer la division parmi les Juifs. Le choix de l'authenticité peut, en effet, conduire à des décisions politiques opposées. Le Juif peut se choisir authentique en revendiquant sa place de Juif, avec ses droits et son martyre dans la communauté française ; il peut avoir avant tout le souci de prouver que la meilleure façon pour lui d'être Français, c'est de s'affirmer *Juif français*. Mais il peut aussi être amené par son choix à revendiquer une nation juive possédant un sol et

une autonomie, il peut se persuader que
l'authenticité juive exige que le Juif soit
soutenu par une communauté israélite. Il
ne serait pas impossible de concevoir que
ces choix opposés puissent s'accorder et se
compléter comme deux manifestations de
la réalité juive. Mais il faudrait pour cela
que les actes des Juifs ne fussent pas épiés
et ne courussent pas le risque perpétuel de
fournir des armes contre eux à leurs adversaires. Si nous n'avions pas fait au Juif
sa situation de Juif il s'agirait en somme
d'une option, toujours possible, entre Jérusalem et la France ; l'immense majorité des
Israélites français choisiraient de demeurer
en France, un petit nombre irait grossir la
nation juive en Palestine ; cela ne signifie-
rait aucunement que le Juif intégré à la
collectivité française conservât des attaches
avec Tel-Aviv ; tout au plus, la Palestine
pourrait-elle représenter à ses yeux une
sorte de valeur idéale, un symbole, et l'existence d'une communauté juive autonome
serait infiniment moins dangereuse pour
l'intégrité de la société française que celle,
par exemple, d'un clergé ultramontain que
nous tolérons parfaitement. Mais l'état ac-

tuel des esprits fait d'une option si légitime
une source de conflit entre les Israélites.
Aux yeux de l'antisémite, la constitution
d'une nation juive fournit la preuve que le
Juif est déplacé dans la communauté française. Autrefois, on lui reprochait sa race,
à présent, on le considère comme ressortis-
sant d'un pays étranger ; il n'a que faire
parmi nous, qu'il aille donc à Jérusalem.
Ainsi l'authenticité, lorsqu'elle conduit au
sionisme, est nuisible aux Juifs qui veulent
demeurer dans leur patrie originelle, parce
qu'elle donne des arguments à l'antisémite.
Le Juif français s'irrite contre le sioniste
qui vient encore compliquer une situation
déjà si délicate et le sioniste s'irrite contre
le Juif français qu'il accuse *a priori* d'inauthenticité. Ainsi, le choix d'authenticité
apparaît comme une détermination *morale*
apportant au Juif une certitude sur le plan
éthique, mais il ne saurait aucunement servir de solution sur le plan social et politique : la situation du Juif est telle que
tout ce qu'il fait se retourne contre lui.

4

Les remarques que nous venons de faire
ne prétendent pas, bien entendu, conduire
à une solution du problème juif. Mais, il
n'est pas impossible, en tout cas, de préciser, à partir d'elles, les conditions dans
lesquelles une solution peut être envisagée.
Nous venons de voir, en effet, que, contrai-
rement à une opinion répandue, ce n'est
pas le caractère juif qui provoque l'antisémitisme mais, au contraire, que c'est
l'antisémite qui crée le Juif. Le phénomène
premier est donc l'antisémitisme, structure
sociale régressive et conception du monde
prélogique. Ceci posé, que veut-on ? Il faut
remarquer, en effet, que la solution du
problème comporte la définition du but à
atteindre et des moyens de l'atteindre. Fort

souvent, on discute sur les moyens alors
qu'on est encore incertain sur le but.

Que peut-on vouloir, en effet ? L'assimilation ? Mais c'est un rêve : le véritable
adversaire de l'assimilation, nous l'avons
établi, ce n'est pas le Juif, c'est l'antisémite.
Depuis son émancipation, c'est-à-dire depuis un siècle et demi, environ, le Juif s'in-
génie à se faire accepter par une société qui
le repousse. Il serait donc vain d'agir sur
lui pour hâter cette intégration qui recule
toujours devant lui : tant qu'il y aura un
antisémitisme, l'assimilation ne pourra pas
être réalisée. Il est vrai qu'on envisage
d'employer les grands moyens : certains
Juifs demandent eux-mêmes qu'on débap-
tise tous les Israélites, qu'on les oblige à se
nommer Durand et Dupont. Mais la mesure est insuffisante : il faudrait y ajouter
une politique des mariages mixtes et des
interdictions rigoureuses visant les pratiques de la religion et, en particulier, la
circoncision. Je le dis tout net : ces mesures
me paraissent inhumaines. Il se peut, en
effet, que Napoléon ait songé à y recourir :
mais Napoléon envisageait précisément de
sacrifier la personne à la communauté.

Aucune démocratie ne peut accepter de réaliser l'intégration des Juifs au prix de cette coercition. D'ailleurs, un semblable procédé ne peut être prôné que par des Juifs inauthentiques en proie à une crise d'antisémitisme ; il ne vise à rien moins qu'à liquider la race juive ; il représente, poussée à l'extrême, la tendance que nous avons notée chez le démocrate, à supprimer purement et simplement le Juif au profit de *l'homme*. Mais *l'homme* n'existe pas : il y a des juifs, des protestants, des catholiques ; il y a des Français, des Anglais, des Allemands ; il y a des blancs, des noirs, des jaunes. Il s'agit, en somme, d'anéantir une communauté spirituelle fondée sur les mœurs et l'affection au profit d'une collectivité nationale. La plupart des Juifs conscients refuseront l'assimilation, si elle se présente à eux sous cet aspect. Certes, ils rêvent de s'intégrer à la nation *mais en tant que Juifs*, qui donc oserait le leur reprocher ? On les a contraints de se penser Juifs, on les a amenés à prendre conscience de leur solidarité avec les autres Juifs ; doit-on s'étonner qu'ils repoussent à présent, des mesures qui tendent à détruire Israël ?

On objectera vainement qu'ils forment une nation dans la nation. Nous avons essayé de le montrer, la communauté juive n'est ni nationale, ni internationale, ni religieuse, ni ethnique, ni politique : c'est une communauté quasi *historique*. Ce qui fait le Juif, c'est sa situation concrète ; ce qui l'unit aux autres Juifs, c'est l'identité de situation. Ce corps quasi historique ne saurait être considéré comme un élément étranger dans la société. Bien au contraire, il lui est nécessaire. Si l'Église a toléré son existence, en un temps où elle était toute-puissante, c'est qu'il assumait certaines fonctions économiques qui le rendaient indispensable. Aujourd'hui, ces fonctions sont accessibles à tous, mais cela ne signifie pas que le Juif, comme facteur spirituel, ne contribue pas à donner à la nation française son caractère particulier et son équilibre. Nous avons décrit objectivement, sévèrement peut-être, les traits du Juif inauthentique : il n'en est pas un seul qui s'oppose à son assimilation *comme tel* dans la société nationale. Au contraire, son rationalisme, son esprit critique, son rêve d'une société contractuelle, d'une fraternité universelle, son

humanisme, font de lui comme un indispensable levain de cette société. Ce que
nous proposons ici est un libéralisme concret. Nous entendons par là que toutes les
personnes qui collaborent, par leur travail,
à la grandeur d'un pays, ont droit plénier
de citoyen dans ce pays. Ce qui leur donne
ce droit n'est pas la possession d'une pro-
blématique et abstraite « nature humaine »,
mais leur participation active à la vie de la
société. Cela signifie donc que les Juifs,
comme aussi bien les Arabes ou les Noirs,
dès lors qu'ils sont solidaires de l'entreprise nationale, ont droit de regard sur cette
entreprise ; ils sont citoyens. Mais ils ont
ces droits *à titre* de Juifs, de Noirs, ou d'A-
rabes, c'est-à-dire comme personnes concrètes. Dans les sociétés où la femme vote, on
ne demande pas aux électrices de changer
de sexe en approchant de l'urne : la voix
de la femme vaut rigoureusement celle de
l'homme, mais c'est en tant que femme
qu'elle vote avec ses passions et ses soucis
de femme, avec son caractère de femme.
Lorsqu'il s'agit des droits légaux du Juif
et des droits plus obscurs, mais aussi indis-
pensables, qui ne sont écrits dans aucun

code, ce n'est pas en tant qu'il y a en lui
un chrétien possible qu'on doit lui reconnaître ses droits, c'est en tant qu'il est Juif
français : c'est avec son caractère, ses
mœurs, ses goûts, sa religion s'il en a une,
son nom, ses traits physiques que nous
devons l'accepter. Et si cette acceptation
est totale et sincère, elle facilitera d'abord
au Juif le choix de l'authenticité, et puis,
peu à peu, elle rendra possible sans violence,
par le cours même de l'histoire, cette assimilation qu'on veut devoir à la contrainte.

Mais le libéralisme concret que nous
venons de définir est un but ; il risque fort
de devenir un simple idéal si nous ne déter-
minons pas les moyens de l'atteindre. Or,
nous l'avons montré, il ne saurait être
question d'agir sur le Juif. Le problème
juif est né de l'antisémitisme ; donc c'est
l'antisémitisme qu'il faut supprimer pour
le résoudre. La question revient donc à
celle-ci : comment agir sur l'antisémitisme ?
Les procédés ordinaires et en particulier
la propagande et l'instruction ne sont pas
négligeables : il serait à souhaiter que l'enfant reçoive à l'école une éducation qui lui
permette d'éviter les erreurs passionnées.

On peut craindre, toutefois, que les résultats ne soient purement individuels. De la
même façon, il ne faut pas craindre d'inter-
dire par des lois permanentes les propos et
les actes qui tendent à jeter le discrédit sur
une catégorie de Français. Mais ne nous
illusionnons pas sur l'efficacité de ces mesures : les lois n'ont jamais gêné et ne gêne-
ront jamais l'antisémite, qui a conscience
d'appartenir à une société mystique en
dehors de la légalité. On peut accumuler
les décrets et les interdits : ils viendront
toujours de la France légale et l'antisémite
prétend qu'il représente la France réelle.

Rappelons-nous que l'antisémitisme est
une conception du monde manichéiste et
primitive où la haine du Juif prend place à
titre de grand mythe explicatif. Nous avons
vu qu'il ne s'agit pas d'une opinion isolée,
mais du choix global qu'un homme en
situation fait de lui-même et du sens de
l'univers. C'est l'expression d'un certain
sens farouche et mystique de la propriété
immobilière. Si nous voulons rendre ce
choix impossible, il ne suffit pas de s'adresser par la propagande, l'éducation et les
interdictions légales, à *la liberté* de l'anti-

sémite. Puisqu'il est, comme tout homme, une liberté en situation, c'est sa situation qu'il faut modifier de fond en comble : il suffit en effet de changer les perspectives du choix pour que le choix se transforme ; ce n'est point qu'on atteigne alors la liberté : mais la liberté décide sur d'autres bases, à propos d'autres structures. Le politique ne peut jamais agir sur la liberté des citoyens et sa position même lui interdit de s'en soucier autrement que d'une façon négative, c'est-à-dire en prenant soin de ne pas l'entraver ; il n'agit jamais que sur les situations. Nous constatons que l'antisémitisme est un effort passionné pour réaliser une union nationale *contre* la division des sociétés en classes. La fragmentation de la communauté en groupes hostiles les uns aux autres, on tente de la supprimer en portant les passions communes à une température telle qu'elles fassent fondre les barrières. Et comme, cependant, les divisions subsistent, puisque leurs causes économiques et sociales n'ont pas été touchées, on vise à les ramasser toutes en une seule : les distinctions entre riches et pauvres, entre classes travailleuses et classes possédantes,

entre pouvoirs légaux et pouvoirs occultes,
entre citadins et ruraux, etc., on les
résume toutes en celle du Juif et du non-
Juif. Cela signifie que l'antisémitisme est
une représentation mythique et bourgeoise
de la lutte des classes et qu'il ne saurait
exister dans une société sans classes. Il manifeste la *séparation* des hommes et leur
isolement au sein de la communauté, le
conflit des intérêts, le morcellement des
passions : il ne saurait exister que dans les
collectivités où une solidarité assez lâche
unit des pluralités fortement structurées ;
c'est un phénomène de pluralisme social.
Dans une société dont les membres sont
tous solidaires, parce que tous engagés dans
la même entreprise, il n'y aurait pas de
place pour lui. Enfin, il manifeste une certaine liaison mystique et participationniste
de l'homme à son « bien » qui résulte du
régime actuel de la propriété. Aussi, dans
une société sans classes et fondée sur la
propriété collective des instruments de
travail, lorsque l'homme, délivré des hallu-
cinations de l'arrière-monde, se lancera
enfin dans *son* entreprise, qui est de faire
exister le règne humain, l'antisémitisme

n'aura plus aucune raison d'être : on l'aura
coupé dans ses racines. Ainsi le Juif authentique qui se pense comme Juif parce que
l'antisémite l'a mis en situation de Juif
n'est pas plus opposé à l'assimilation que
l'ouvrier qui prend conscience de son appartenance à une classe n'est opposé à la liquidation des classes. Bien au contraire, dans
les deux cas, c'est par la prise de conscience
qu'on hâtera la suppression de la lutte des
classes et du racisme. Simplement, le Juif
authentique renonce *pour lui* à une assimilation aujourd'hui impossible et l'attend
pour ses fils de la liquidation radicale de
l'antisémitisme. Le Juif d'aujourd'hui est
en pleine guerre. Qu'est-ce à dire, sinon
que la révolution socialiste est nécessaire
et suffisante pour supprimer l'antisémite ;
c'est *aussi* pour les Juifs que nous ferons
la révolution.

Et en attendant ? Car enfin, c'est une
solution paresseuse que de se reposer sur
la révolution future du soin de liquider la
question juive. Or, elle nous intéresse tous
directement ; nous sommes tous solidaires
du Juif puisque l'antisémitisme conduit
tout droit au national-socialisme. Et, si

nous ne respectons pas la personne de l'Israélite, qui donc nous respectera ? Si nous
sommes conscients de ces dangers, si nous
avons vécu dans la honte notre complicité
involontaire avec les antisémites, qui a fait
de nous des bourreaux, peut-être commen-
cerons-nous à comprendre qu'il faut lutter
pour le Juif, ni plus ni moins que pour
nous-mêmes. On m'apprend qu'une ligue
juive contre l'antisémitisme vient de renaî-
tre. J'en suis enchanté : cela prouve que le
sens de l'authenticité se développe chez les
Israélites. Mais cette ligue sera-t-elle bien
efficace ? Beaucoup de Juifs — et des meil-
leurs — hésitent à y entrer par une sorte
de modestie : « Voilà bien des affaires »,
me disait l'un d'eux récemment. Et il
ajoutait assez maladroitement, mais avec
une sincère et profonde pudeur : « L'antisémitisme et les persécutions, ça n'a pas
d'importance. » On comprendra sans peine
cette répugnance. Mais *nous* qui ne
sommes pas Juifs, devons-nous la partager?
Richard Wright, l'écrivain noir, disait
récemment : « Il n'y a pas de problème
noir aux États-Unis, il n'y a qu'un problème blanc. » Nous dirons de la même

façon que l'antisémitisme n'est pas un problème juif : c'et *notre* problème. Puisque nous ne sommes coupables et que nous risquons d'en être, nous aussi, les victimes, il faut que nous soyons bien aveugles pour ne pas voir que c'est notre affaire au premier chef. Ce n'est pas d'abord aux Juifs qu'il appartient de faire une ligue militante contre l'antisémitisme, c'est à nous. Il va de soi qu'une semblable ligue ne supprimera pas le problème. Mais si elle se ramifiait dans toute la France, si elle obtenait d'être officiellement reconnue par l'État, si son existence suscitait, dans d'autres pays, d'autres ligues toutes semblables auxquelles elle s'unirait pour former enfin une association internationale, si elle intervenait efficacement partout où on lui aurait signalé des injustices, si elle agissait par la presse, la propagande et l'enseignement, elle atteindrait un triple résultat : d'abord elle permettrait aux adversaires de l'antisémitisme de se compter et de s'unir en une collectivité active ; ensuite elle rallierait, par la force d'attraction que manifeste toujours un groupe organisé, bon nombre d'hésitants qui ne

pensent *rien* sur la question juive ; enfin
elle offrirait à un adversaire qui oppose
volontiers le pays réel au pays légal, l'image
d'une communauté concrète engagée, par-
delà l'abstraction universaliste de la légalité, dans un combat particulier. Ainsi
ôterait-elle à l'antisémite son argument
favori qui repose sur le mythe du concret.
La cause des Israélites serait à demi gagnée,
si seulement leurs amis trouvaient pour
les défendre un peu de la passion et de la
persévérance que leurs ennemis mettent
à les perdre. Pour éveiller cette passion, il
ne faudra pas s'adresser à la générosité des
Aryens : chez le meilleur, cette vertu est à
éclipses. Mais il conviendra de représenter
à chacun que le destin des Juifs est *son*
destin. Pas un Français ne sera libre tant
que les Juifs ne jouiront pas de la plénitude
de leurs droits. Pas un Français ne sera
en sécurité tant qu'un Juif, en France et
dans le monde entier, pourra craindre pour
sa vie.

DU MÊME AUTEUR

Aux Éditions Gallimard

Romans

LA NAUSÉE.

LES CHEMINS DE LA LIBERTÉ, I : L'ÂGE DE RAISON.

LES CHEMINS DE LA LIBERTÉ, II : LE SURSIS.

LES CHEMINS DE LA LIBERTÉ, III : LA MORT DANS L'ÂME.

ŒUVRES ROMANESQUES (Bibliothèque de la Pléiade).

Nouvelles

LE MUR *(Le mur — La chambre — Erostrate — Intimité — L'enfance d'un chef).*

Théâtre

THÉÂTRE, I : *Les mouches — Huis clos — Morts sans sépulture — La putain respectueuse.*

LES MAINS SALES.

LE DIABLE ET LE BON DIEU.

KEAN. d'après Alexandre Dumas.

NEKRASSOV.

LES SÉQUESTRÉS D'ALTONA.

LES TROYENNES. d'après Euripide.

Études politiques

RÉFLEXIONS SUR LA QUESTION JUIVE.

ENTRETIENS SUR LA POLITIQUE, avec David
Rousset et Gérard Rosenthal.

L'AFFAIRE HENRI MARTIN, texte commenté par
Jean-Paul Sartre.

ON A RAISON DE SE RÉVOLTER (collection « La France sauvage »).

Théâtre

SARTRE, un film réalisé par Alexandre Astruc et Michel
Contat.

Scénario

Scénario d'après la nouvelle de Hemingway, LE VIEIL
HOMME ET LA MER, de Francis Reisman.

Biographie

GABRIEL PERI, UN VIVANT, UNE VIE d'homme mort (collection « Le Chemin des écoliers »).

Impression Bussière à Saint-Amand (Cher),
le 25 juillet 1988.
Dépôt légal : juillet 1988.
1er dépôt légal dans la collection : janvier 1985.
Numéro d'imprimeur : 5274.
ISBN 2-07-032287-4./Imprimé en France.

Reproduction photos et couverture [Studio]
le 25 juillet 19..
Imprimé en France
Imprimé par ... sur les presses de l'imprimerie ...
Dépôt légal ... 19..

ISBN 2-07-032287-9 Imprimé en France